Bonġornu, kif int?

Arne A. Ambros

Bonġornu, kif int?

Einführung in die maltesische Sprache

Schlüssel und Wörterverzeichnis

REICHERT VERLAG WIESBADEN 2006

Bibliografische Information Der Deutschen Nationalbibliothek
Die Deutsche Nationalbibliothek verzeichnet diese Publikation in der Deutschen Nationalbiografie;
detaillierte bibliografische Daten sind im Internet über http://dnb.ddb.de abrufbar.

ISBN 13: 978-3-89500-534-3
www.reichert-verlag.de

Printed in Germany

VORWORT

Mit diesem Ergänzungsband zu meinem Lehrbuch *Bonġornu, kif int? – Einführung in die maltesische Sprache* komme ich sehr gerne einer Aufforderung nach, die seit dessen Erscheinen im Jahre 1998 wiederholt an mich herangetragen wurde, nämlich zur Unterstützung des Selbstunterrichts mittels dieses Buches einen Schlüssel mit der Ausarbeitung der Übungen, der Beantwortung der Kontrollfragen und der Übersetzung der Texte bereitzustellen. Es erschien rätlich, bei dieser Gelegenheit auch ein maltesisch-deutsches Wörterverzeichnis zum Lehrbuch sowie eine Liste der in diesem bemerkten Druckfehler und einige notwendige Ergänzungen verfügbar zu machen. – Auf eine deutsch-maltesische Wortliste konnte dabei verzichtet werden, da das Lehrbuch Übersetzungen aus dem Deutschen in nur sehr begrenztem Umfang vorsieht. Zudem steht nunmehr ein sehr ausführliches deutsch-maltesisches Wörterbuch zur Verfügung, als die eine Komponente des in beide Richtungen übersetzenden Lexikons von Manfred Moser (Reichert Verlag Wiesbaden, 2005, ISBN 3-89500-468-5).

Sehr herzlichen Dank sage ich hier meinem Freund Adrian Borġ, Malta/Brüssel, der mir bei der Klärung einer Reihe von Detailfragen hilfreichst zur Seite gestanden hat.

Ich darf der Hoffnung Ausdruck geben, dass der hier vorgelegte Band einen kleinen Beitrag dazu leisten möge, der schönen und reichen maltesischen Sprache, nunmehr auch einer der offiziellen Sprachen der Europäischen Union, weiteres Ansehen und größere Bekanntheit zu verschaffen.

Wien, im Juli 2006

Arne A. Ambros

INHALTSVERZEICHNIS

SCHLÜSSEL ZU DEN ÜBUNGEN,

KONTROLLFRAGEN UND TEXTEN

Bitte beachten Sie:

Bei der Schreibung der maltesischen Wörter verfahren wir ähnlich wie im folgenden Wörterverzeichnis; siehe dort die einleitende Bemerkung **1.** Der Zirkumflex zur Bezeichnung der Vokallänge und der Gravis zur Bezeichnuung der Betonung auf der drittlctztcn Silbc werden hier jedoch nicht konsequent, wenn auch sehr oft, verwendet.

Bei der Beantwortung der Kontrollfragen wird, um überflüssige Duplizität zu vermeiden, oft bloß auf eine Stelle der vorausgehenden Sprachlehre des betr. Abschnitts verwiesen, wo die Antwort sofort nachzulesen ist.

Die Übersetzungen ins Deutsche, insb. der Texte, sind als Hilfe zum Verständnis des betr. Grundtextes gedacht und daher so wörtlich wie möglich gehalten; sie müssen daher wohlbewusst nicht selten gegen die Prinzipien des guten deutschen Stils verstoßen.

ABSCHNITT 1

ÜBUNG 1.1 (Wir lassen hier das Akzent-Zeichen den Zirkumflex verdrängen.)

ħólom, ħallíem, mħállef, ħasíl, maħbúb, faddál, támar, qálbu, flúsi, djárna, mexxéj, ħalléw, widnéjn, máħżen, fartás, jitfártas, jinħáraq, qawmíen, láħam.

ÜBUNG 1.2

1. Applikation, Architekt, Bibliothek, Dezision, Kanzlei, kompetent.
2. Konflikt, Kriminalität, Kriterium, legitim, Lektion, Magnetismus, Medizin.
3. Nervosität, Gnocchi, Orchester, Optimismus, Partizip, Passion, Pathologie.
4. Psychotherapie, Rhetorik, spirituell, trivial, Vegetarier, Vanille, Violinist.

ÜBUNG 1.3

1. *Raincoat, sweatshirt, trouble, hit parade, bicycle, freight, gunboat, hydraulic.*
2. *Hot plate, insurance, label, mackintosh, match, raid, steak, toast, waiter, shaker.*
3. *Chairman, basketball, boardinghouse, dynamite, shaver, patrol, pipe, rally.*

KONTROLLFRAGEN 1

1. Siehe die Liste in **1.1.**
2. Es hat 30 Buchstaben; es fehlen *c* (ohne Oberpunkt) und *y*.
3. Siehe die Beschreibung in **1.3.2.**, am Ende.
4. In der Standard-Orthographie wird gar nicht unterschieden; für besondere Zwecke wird das lange *a* durch übergesetztes Dach-Symbol markiert.
5. Die Schreibungen *i* und *ie* werden gleich ausgesprochen vor *ħ, għ, h* und *q* am Wortende, und zwar beide als fallender Diphthong *í-e*.
6. Siehe die Grundregel in **1.3.6.** und den Sonderfall dort am Ende.
7. In arabischen Wörtern nie; in italienischen (und englischen) Wörtern ja.
8. Vgl. Frage 5: Vor *q* am Wortende werden *i* und *ie* gleich ausgesprochen. Aus der Lautung ist die Schreibung daher nicht ableitbar; daher sind Schreibfehler naheliegend.
9. Siehe **1.2.**, am Ende.
10. In arabischen Wörtern sind kurzes *u* und kurzes *o* bloß Positionsvarianten (*u* nur in Silben vor der betonten Silbe, sonst *o*); in italienischen Wörtern sind diese beiden selbständige Phoneme, die bedeutungsunterscheidend fungieren können.
11. In unbetonter offener Silbe alle *i* und *u* sowie viele *a*.
12. Im Regelfall wird *ay* > *aj/ej* und *aw* > *aw/ew,* doch finden sich auch Fälle von Monophthongisierung *ay* > *î* und *aw* > *û*.

ABSCHNITT 2

ÜBUNG 2.1

Wir ersetzen das *għ* der Schreibung durch das *ħ* bzw. den Vokal der Aussprache und fügen in einigen Fällen das Betonungszeichen hinzu (welches wie in Übung 1.1 den Zirkumflex verdrängt); ansonsten belassen wir die Wörter in ihrer Schreibung (notieren also nicht die Auslautverhärtung; vgl. **3.1.**). Denken Sie daran, in den Ausspracheangaben *ei* als *e* + *i* (nicht als *ai* wie in Meile) und *ie* (sofern es nicht aus der maltesischen Originalschreibung übernom-3men) als *i* + *e* (nicht als langes *i* wie in Biene) zu sprechen.

1. [ārús], [ējba], [ōdwa]. – 2. [jōlob], [jālef], [qíe-eid].
3. [máqād], [qatta], [mqáttā]. – 4. [qattieħ], [taqtíeħ], [taqtíħa].
5. [jisma], [sémā], [jisímou]. – 6. [mismúħ], [mismúā], [mismuéin].
7. [nās], [nājsa], [jónōs]. – 8. [miblúħ], [bélou], [bélēt].
9. [nāla], [lōba], [lōb]. – 10. [ntlāb], [mílāb], [ġíeil].
11. [weġġíeħ], [wáqā], [ēlieqi]. – 12. [íblaħ], [béla], [bóloħ].
13. [blúwa], [isíma], [ómmom]. – 14. [talába], [ġiebom].
15. [qatáħħom], [rafáħħa].

ÜBUNG 2.1

1. *xejb, fidda, xrik.* – 2. *xhud, tawr, riħ.* – 3. *nar, żjara, magħruf, għarbi.*
4. *ħajjat, ħmar, bies, żbib.* – 5. *dmir, bhima, xita.* – 6. *wasal, rabat, twil, bayda.*
7. *ħajr, bawwieb, taħan, smin.* – 8. *dnub, mnaddaf, nisa.*
9. *lewż, qaws, kelb, klieb, sena.* – 10. *ħmiem, mradda', mraddgħa.*
11. *għaġeb, ġmiel, dejn.* – 12. *ħakem, ħarrek, kies, ngħaġ.*

KONTROLLFRAGEN 2

1. 24 Konsonanten; siehe die Liste in **2.1.2.**
2. Das *ġ* kann ausgesprochen werden wie das *ġ* sonst (also wie das *g* in engl. *general* und ital. *gelato*) oder aber als *ž* (das *g* in franz. *général* und das engl. *si* in *vision*).
3. Nein; siehe **2.2.1.**, in 1.
4. *w* und *j* Halbvokale, *m* und *n* Nasale, *l* und *r* Liquidlaute.
5. Siehe **2.2.7.**
6. Als kurz.
7. Es bedeutet, dass nach dem *a* ursprünglich ein Pharyngal gestanden hatte; ausgesprochen wird *-a'* genau so wie *-a*.
8. Wenn es am Wortende steht und wenn ihm (in der Schreibung) ein *h* folgt.
9. Wenn es am Wortende steht und wenn ihm (in der Schreibung) ein *għ* vorausgeht.
10. Sowohl dem korrekten *tagħmeż* wie dem fälschlichen *tgħameż* entspricht die Lautung [tāmeż]. Ebenso entspricht *fiex* und *fhiex* die Lautung [fiex].
11. *lagħal, lgħal, lagħl, lahal, lhal, lahl.*
12. Siehe **2.1.4.**, *A.* – *D.*
13. versinken < arab. *ġariqa,* schwitzen < arab. *'ariqa.*

ABSCHNITT 3

ÜBUNG 3.1

1. [dep], [demp], [jitfen], [javfa]. – 2. [bedbut], [ptiebet], [agbar].
3. [lipsa], [mapħar], [jimbies]. – 4. [nepħa], [jimbet], [jimptu].
5. [nigba], [qabes], [qażba], [jorptu]. – 6. [jiżbor], [dbatija], [midbuħ], [mimdut].
7. [tiċsim], [tižbik], [żwieċ], [raċ].

ÜBUNG 3.2

1. *Ftaħna t-tieqa.* 2. *Rajna l-qamar.* 3. *Jitfi d-dawl.* 4. *Jieklu r-ross.*
5. *Jixtri msiemer.* 6. *Rajtu lpûp.* 7. *Irîdu jżûru.* 8. *Huwa wrajna.*

ÜBUNG 3.3

Għallimni lehre mich!, *għallmitni* sie lehrte mich, *dejqitni* sie störte od. ärgerte mich, *ifittixni* er sucht mich.

KONTROLLFRAGEN 3

1. **bt** [pt], **żk** [sk], **kb** [gb], **xd** [žd], **gx** [kx], **ġt** [ċt], **kbt** [kpt], **bgt** [pkt], **tżx** [tsx]. Das hier wirkende allgemeine Gesetz siehe **3.1.**, am Anfang.
2. **bb** [p], **bt** [pt], **ġ** [ċ], **żż** [s], **d** [t], mit Auslautverhärtung und Aufhebung der Gemination (vgl. **3.2.**).
3. In korrekter Schreibung nur bei *ww* und *jj* (vgl. **3.2.**, *A.*).
4. Die wortendenden Kurzvokale *i* und *u* werden gelängt (bei normaler Schreibung nicht sichtbar), der wortendende Kurzvokal *a* wird entweder gelängt oder zu *ie.*
5. Nur höchstens einen Langvokal.
6. Der mittlere der drei darf nicht *l, m, n* oder *r* sein.
7. Weil die Pluralendung die Betonung auf sich zieht und daher der nunmehr unbetonte Vokal nach dem *s* verkürzt werden muss.
8. Die Schreibungen *żt* und *st* werden beide gleich [st] ausgesprochen. In *trod* wurde die Geminatenvereinfachung im Auslaut in die Schreibung aufgenommen.
9. **ma siefrûx* enthält zwei lange Vokale (richtig: *ma sifrûx* oder *ma sefrûx*); **nifhemhom* enthält nach Suffixanfügung *e* in geschlossener Silbe (vgl. **3.3.2.**; richtig: *nifhimhom*); **ħabbbu* enthält Trigeminate (vgl. **3.2.**, *B.*; richtig: *ħabbu*).
10. Nein, der zweite darf nicht *l, m, n* oder *r* sein (vgl. **3.6.3.**).

ABSCHNITT 4

ÜBUNG 4.1

1. *il-mużika* f., *is-sliem* m., *il-laboratorju* m.
2. *il-prezz* m., *il-werqa* f., *l-ajru* m., *l-għadma* (auch: *il-għadma*) f.
3. *l-għasel* (auch: *il-għasel*) m., *il-kunċert* m., *l-irmied* (auch: *ir-rmied*) m.
4. *il-lonġitudni* f., *id-demgħa* f., *il-paraventu* m.
5. *it-tlugħ* m., *l-iskrun* m.

ÜBUNG 4.2
(Es bedeuten: EP = Externer Plural, IP = Interner Plural, ItP = Italienischer Plural, EngP = Englischer Plural. Nach EP folgt der Buchstabe A, B, C, D nach **4.2.1.**)

1. *is-sengħa, is-snajja'* IP; *l-ispiru, l-ispirti* ItP.
2. *il-ħsieb, il-ħsibijiet* EP D.; *in-naġġâr, in-naġġâra* EP B.
3. *l-ispeċi, l-ispeċijiet* EP D.; *is-sultana, is-sultani* ItP.
4. *il-mgħallem* (oder: *l-imgħallem*), *il-mgħallmin* (oder: *l-imgħallmin*) EP A.; *ix-xahar, ix-xhur* IP.
5. *il-fenek, il-fniek* IP; *ix-xatt, ix-xtût* IP.
6. *ir-raħal, l-irħûla* IP; *l-isem, l-ismijiet* EP D.
7. *il-ħâġa, il-ħwejjeġ* IP; *il-ġimgħa, il-ġimgħât* EP C.
8. *ix-xebba, ix-xebbiet* EP C.; *id-damplin, id-damplins* EngP.

KONTROLLFRAGEN 4

1. Die Substantive mit Endung *-a* sind feminin, die anderen maskulin.
2. Auf *-i* : feminin; auf Konsonant: maskulin.
3. Bildung der Femininform (z.B. *kok* Koch > *koka* Köchin) und Bildung einer Art des externen Plurals (z.B. *għalliem* Lehrer > *għalliema* Pl.).
4. Externer oder äußerer Plural; siehe **4.2.1.**, *A. – D.*
5. *Mara* Frau, Pl. *nisa.*
6. Bei Bezeichnungen männlicher Personen; Ausnahme: *sena* Jahr, Pl. *snin.*
7. Pluralendung *-i.*
8. Siehe **4.2.1.**, vorletzter Absatz.
9. Siehe **4.2.3.**
10. *ċ, d, n, r, s, t, x, ż, z* – an diese wird das *l* des Artikels assimiliert.
11. *l-.*
12. *it-threshold* [it-trexolt], *iċ-chance* [iċ-ċens].
13. Siehe **4.3.2.**, *E.a., F.a., b.*
14. *Sinjuri* 1. Herren (Pl. von *sinjur*), 2. Damen (Pl. von *sinjura*).
Qarrejja 1. Leserin, 2. Leser (Pl.)

ABSCHNITT 5

ÜBUNG 5.1

1. ein großes Zimmer > *kmâmar kbâr;* ein froher Mann > *rġiel ferħanin;* ein neues Haus > *djâr ġodda;* ein berühmter Professor > *professuri magħrufin;* ein schlechter Koch > *koki ħżiena.*
2. ein klarer Ausdruck > *espressjonijiet ċari;* ein schwieriges Buch > *kotba diffiċli;* schöne Inseln > *gżîra sabîħa;* kleine Häuser > *dâr żgħîra;* rote Autos > *karrozza ħamra.*
3. die großen Städte > *il-belt kbîra;* die kleinen Inseln > *il-gżîra żgħîra;* die sicheren Brücken > *il-pont żgur;* die maltesischen Herren / Damen / Damen und Herren > *is-sinjur Malti / is-sinjura Maltija.*
4. die hässlichen Zimmer > *il-kamra kerha;* die Studenten / Studentinnen aus Gozo > *l-istudent Għawdxi / l-istudenta Għawdxija;* die dicke Frau > *in-nisa ħoxon;* das hässliche Büro > *l-uffiċċji koroh.*

5. die leichte Sprache > *l-ilsna faċli;* die schwarzen Autos > *il-karrozza sewda;* die gelben Gläser > *it-tazza safra;* die maltesischen Ärzte / Ärztinnen > *it-tabîb Malti / it-tabîba Maltija.*

ÜBUNG 5.2

1. Dieser Koch ist sehr berühmt. Diese Schule ist sehr berühmt.
2. Diese Kinder sind sehr klein. Diese Sprache ist sehr schwierig.
3. Die Maltesischen Inseln sind sehr schön. Dieser Beruf ist sehr leicht.
4. Das ist klar! Das ist widerlich! Das ist sehr gut!
5. Jener Richter ist sehr bekannt. Jene Zeitungen sind neu.
6. Ich bin Arzt. Ich bin Ärztin. Ich bin die Direktorin. Ich bin der Koch.

ÜBUNG 5.3

1. Sind Sie der Direktor? Ja, ich bin der Direktor.
2. Sind Sie der Lehrer? Nein, ich bin nicht der Lehrer, ich bin ein Student.
3. Ist diese Dame Lehrerin? Nein, sie ist nicht die Lehrerin, sie ist Studentin.
4. Ist jene Sprache leicht? Nein, sie ist nicht leicht, sie ist sehr schwierig.
5. Sind jene Personen (Leute) Studenten? Nein, sie sind nicht/keine Studenten, sie sind Ärzte.
6. Sind diese Männer Ärzte? Ja, Ärzte, nicht Studenten.

ÜBUNG 5.4

1. Wer ist jener Herr? Das ist der Richter.
2. Wer ist jene Dame? Das ist eine deutsche Professorin.
3. Was ist das? Das ist eine grüne Flasche.
4. Was ist diese? Diese ist Köchin.
5. Wie ist dieses Zimmer? Es ist sehr hübsch.
6. Wie sind jene Schulen? Sie sind nicht sehr schwierig.
7. Wie ist das neue Haus? Es ist nicht sehr groß.

KONTROLLFRAGEN 5

1. Drei. Z.B.: *Tabîb magħrûf, tabîba magħrûfa, tobba magħrufin. Kok ġdîd, koka ġdîda, koki ġodda.*
2. *Il-miġrûħ, il-miġrûħa, il-miġruħin, wieħed miġrûħ, waħda miġrûħa, uħûd miġruħin.*
3. *Għarbij, Għarbin; invinċibbli, invinċibbli.*
4. Siehe **5.1.2., C.**
5. *Il-kamra kbîra* (dies ist üblicher), *il-kamra l-kbîra.*
6. *Ir-raġel l-ieħor, il-mara l-oħra, l-imħallfin l-oħra* (oder: *l-oħrajn*).
7. *Ċertu professur, il-povru kok, l-ùnika karozza.* Vgl. **5.1.3.**, dritter Absatz.
8. Siehe **5.2.1.-2.** und **5.4.2.**
9. Mit *mhûx.*
10. Siehe **5.3.**
11. *Il-karrozza ħamra* kann bedeuten: 1. das rote Auto (eindeutig gemacht: *il-karrozza l-ħamra*), 2. das Auto ist rot (eindeutig gemacht: *il-karrozza hija hamra*).
12. Beide richtig gebildet, vgl. **5.1.2.**, erster Absatz (am Ende) und zweiter Absatz.
13. Richtig: *mîn hu? kîf inhu?* Vgl. **5.4.3., B.**
14. Im ersten Falle ja, im zweiten nein. Vgl. **5.4.1.**

ABSCHNITT 6

TEXT 1 20 Sprichwörter (in wörtlicher Übersetzung)

1. Wo es nicht gibt Gebäude und Ackererde, (gehört) Gelächter ins Antlitz des Wohlstands.
2. Das Geld ist eine Matratze aus Dornen.
3. Das Geld ist nicht alles.
4. Malta ist klein und die Leute sind bekannt.
5. Der Weise in seinem (eigenen) Dorf ist nicht anerkannt.
6. Gemäß der Mutter die Kinder.
7. Die Mutter ist für ihre Kinder Lügnerin und Diebin (d.h. scheut für sie vor nichts zurück).
8. Es gibt keine Rose ohne Dornen.
9. Nach dem Unwetter kommt Schönwetter.
10. Der Tod und das Leben (liegen) in den Händen Gottes.
11. Der Weg des Paradieses (d.h. ins Paradies) ist eng (d.h. beschwerlich).
12. Bei Schönwetter ist jedermann Kapitän.
13. Besser eine Nachbarin in der Nähe als dein Bruder in der Ferne.
14. Seine Augen sind größer als sein Magen (Bauch).
15. Die Liebe ist blind.
16. Die Liebe ist die Schwester des Paradieses.
17. Arm, wer in die Zunge der Leute kommt (gerät).
18. Der König ist der Sklave seines Wortes (d.h. ist an sein Wort gebunden).
19. Die Augen sind die Fenster des Herzens. (D.h.: Aus dem Blick erkennt man das Innere.)
20. Die Armut der Tasche (kommt) von der Armut des Verstands.

ÜBUNG 6.1

1. *Idejja, żaqqi, id-deċiżjoni tiegħi, râsi.*
2. *Oħtok, is-sinjurija tiegħek, wiċċek, it-twieqi tiegħek.*
3. *Is-sultan tiegħu, raħlu, ħûtu, il-karozza tiegħu, idejh.*
4. *Id-daħka tagħha, flûsha* (oder: *il-flûs tagħha*), *ommha, idejha.*
5. *Il-professur tagħna, tfulitna (ċkunitna), iċ-ċavetta tagħna, il-kunċert tagħna.*
6. *Id-direttur tagħkom, il-kotba tagħkom, xogħolkom, kliemkom.*
7. *Tfâlhom (uliedhom), mistoqsithom* (oder: *il-mistoqsija tagħhom*), *l-appartament tagħhom, dârhom.*

ÜBUNG 6.2

1. *Omm is-sultân, missier ommi, ulied Lina.*
2. *Il-kamra ta' l-għalliema l-oħra, il-karozza ta' ġârna.*
3. *Bint direttur ta' l-iskola, mart ħija.*
4. *Ħû marti, l-appartament oħti.*
5. *Għajnejn it-tfâl, idejn in-nies, l-uffiċju ta' sieħbi.*
6. *Iċ-ċavetta tal-karrozza, djâr ġirienna* (oder: *il-ġirien tagħna*), *il-mistoqsija ta' missieri.*

KONTROLLFRAGEN 6

1. *Saħħti, -tek, -tu, saħħitha, -itna, -itkom, -ithom. Ġismi, -mek, -mu, ġisimha, -imna, -imkom, -imhom. Raħli, -lek, -lu, raħalha, -alna, -alkom, -alhom. Idejja, idejk, idejh, idejha, idejna, idejkom, idejhom.*

2. Siehe S. 73, letzter Absatz.
3. Siehe **6.1.3.**
4. Korrekt: *tal-ktieb, ta' l-omm* (richtig), *ta' l-għajn* (richtig), *t'għajnejh, t'ibnu* (richtig), *t'għajnejna* (richtig), *t'ibni, ta' l-îd.*
5. Der Name der Mutter meines Partners; zur Struktur vgl. S. 78, unten.
6. Die Familie Mifsud.
7. Der/die Fleischer od. Metzger.
8. Korrekt: *fl-għâr*; vgl. S. 82, zweiter Absatz, am Ende.
9. Sie S. 82, zweiter Absatz, am Beginn.
10. Aus arab. *matāʿ* bewegliches Besitztum, etc.; dh. ursprünglich: das Buch, (welches ist) Besitztum der Tochter und das Buch, (welches ist) mein Besitztum.

ABSCHNITT 7

TEXT 2 25 Sprichwörter (in wörtlicher Übersetzung)

1. Der Kochtopf steht auf drei (Stützen od. Beinen).
2. Das Bedürfnis hat kein Gesetz.
3. Die Menschen haben keine Sättigung.
4. Vier Augen sehen mehr als zwei.
5. Ein Schiff mit zwei Kapitänen geht unter.
6. Wer das Geld hat, hat die Freunde.
7. Jedes Ding hat seinen Preis.
8. Jede Regel hat die Ausnahme.
9. Wer mit éinem Auge ist (d.h. éin Auge hat), ist König unter den Blinden.
10. Die Katze hat sieben Seelen (d.h. Leben).
11. Vor Gott (Variante: vor dem Tod) ist jedermann gleich.
12. Die Wahrheit ist im Wein.
13. Aus deinem Mund für Gott.
14. Das Haus (d.h. das Zuhause) – es gibt nichts besseres als es.
15. Besser ein gutes Herz als ein schönes Gesicht.
16. Der Rauch ist das Anzeichen des Feuers.
17. Danach (d.h. zum Schluss, wenn alles vorbei ist) ist jeder weise.
18. Heute hier und morgen sind wir nicht.
19. Heute ich und morgen du.
20. Die Gesundheit – es gibt nicht ihren Preis (d.h. ist unbezahlbar).
21. Jedes Ding zu seiner Zeit.
22. Jedes Wasser löscht den Durst.
23. Der Verstand ist der Sohn der Zeit.
24. Die Kleider machen die Leute.
25. Besser ein (kleiner) Vogel in deinen Händen als hundert in der Luft.

ÜBUNG 7.1

Geordnet nach Wurzeln:

Wurzel *d-l-m* : *dlajjem, dalma, tidlim, dallâmi, dlâm*
Wurzel *f-k-r* : *mafkar, tifkîr*

Wurzel *l-ħ-m* : *laħam, laħma*
Wurzel *q-b-r* : *qabar, maqbar*
Wurzel *r-b-t* : *tarbît, marbat, rabbâti, irbît, rabta*
Wurzel *t-q-l* : *tqîl, tqâl, taqqâli, tqajjel, titqîl*

Geordnet nach Schemas:
Schema **PaSaT** : *laħam, qabar*
Schema **PaSTa** : *dalma, laħma, rabta*
Schema **PSâT** : *dlâm, tqâl*
Schema **PSîT** : *irbît, tqîl*
Schema **PSajjeT** : *dlajjem, tqajjel*
Schema **PaSSâTi** : *dallâmi, rabbâti, taqqâli*
Schema **tvPSîT** : *tidlîm, tifkîr, tarbît, titqîl*
Schema **maPSaT** : *mafkar, maqbar, marbat*

Anm.: Während die Wurzeln alphabetisch angeordnet werden können, gibt es kein vorgegebenes Anordnungsprinzip der Schemas. In Zusammenstellungen ordnet man die Schemas im Allgemeinen ungefähr nach wachsender Komplexität (Anzahl der Zusatz-Elemente zu den Radikalen).

ÜBUNG 7.2

1. Mein Freund Alexander hat ein neues Auto, aber er hat keine Arbeitserlaubnis.
2. Diese Regel hat nur drei Ausnahmen.
3. Heute habe ich keine Zeit für diese Arbeit.
4. Wieviele Katzen hat die Mutter deiner Mutter? Die Mutter meiner Mutter hat zwei Katzen und sie sind sehr schön.
5. Der Vater meines Vaters hat zwei Häuser und viel Geld, aber er ist nicht froh.
6. Hast du kein Geld? Doch, ich habe Geld, aber ich habe keine Zeit.
7. Habt ihr Autos? Ja, wir haben drei Autos.
8. Heute habe ich keinen Wein, ich habe nur Wasser, aber Alexander hat viel Wein.
9. Das Gesetz kennt (wörtl.: hat) keine Ausnahmen.
10. Wieviele Leben (wörtl.: Seelen) hat die Katze? Sieben oder neun Leben?
11. Habt ihr Freunde in Valletta? Ja, wir haben vier, fünf Freunde.
12. Wie geht es deiner Frau und den zwei Töchtern?

KONTROLLFRAGEN 7

1. *maħlûl:* geminierte Wurzel *ħ-l-l,* Schema **maPSûT** bzw. **mvPSûT**.
tidwîb: konkave Wurzel *d-w-b,* Schema **tiPSîT** bzw. **tvPSîT**.
sajjied: konkave Wurzel *s-j-d,* Schema **PaSSieT**.
qarja: defektive Wurzel *q-r-j,* Schema **PaSTa**.
2. Siehe **7.1.2.**
3. Siehe **7.1.3.**
4. Es bedeutet, dass an der betreffenden Stelle ein Kurzvokal stehen muss.
5. Drei Morpheme: das Wurzelmorphem *għ-l-m,* das Introflexionsmorphem **PaSSieT**, welches mit dem Wurzelmorphem den Wortstamm *għalliem-* bildet, und das Morphem der externen Flexion *-a* (Feminin-Marker).
6. Nein; siehe **7.2.3.**, letzter Absatz.

7. *Kemm bniet? Kemm-il bint?*
8. *Malti wieħed* (genau) éin Malteser, *wieħed Malti* ein gewisser Malteser, jemand, der Malteser ist.
9. Siehe **7.3.2.**, am Anfang (Langformen).
10. *Erba' applikazzjonijiet, erba' kpiepel* (auch: *erbat ikpiepel*), *erba' għasâfar, erba' snin, erba' sigħât, erbat ifniek.*
11. Siehe **7.4.**
12. *Erba' snin* vier Jahre; *disa' karozzi* neun Autos; *erba'* (oder: *erbgħa*), *ħamest ijiem* vier, fünf Tage, *disa'* (oder: *disgħa*), *għaxar persuni* neun, zehn Personen.

ABSCHNITT 8

TEXT 3 25 Sprichwörter (in wörtlicher Übersetzung)

1. Gott schließt eine Tür und öffnet eine andere.
2. Vergib, auf dass Gott, der Gesegnete, dir vergebe. Variante: Vergib, auf dass sie (die Menschen) dir vergeben.
3. Der Teufel macht die Kochtöpfe und (d.h. aber) er macht keine Deckel.
4. Wer an den Tod denkt, sündigt nicht.
5. Der Tote geht hinaus und die Geduld tritt ein.
6. Wer nicht durch die Tür hinausgeht, geht durch das Fenster hinaus.
7. Die Sünde schläft nicht.
8. Um klares (Wasser) zu trinken, geh zum Ursprung der Quelle.
9. Wie du (es) machst, machen sie (die Menschen) (es) dir.
10. Bete nicht um Regen im Januar, denn er bereitet dir das Eis.
11. Das Einverständnis bricht das Gesetz.
12. Aus den Rosen kommen die Dornen, und aus den Dornen kommen die Rosen.
13. Wer das Ei gestohlen hat, weiß das Huhn zu stehlen.
14. Nicht nur jener, der nachts fortgeht um zu stehlen, ist ein Dieb.
15. Ein Hund, der bellt, beißt nicht.
16. Aus den Weintrauben kommt der Wein, aber es kommt auch der Essig.
17. Wo die (materiellen) Interessen eintreten, gibt es keine Erlaubnisse.
18. Wer den Kopf des Esels wäscht, verliert (vergeudet) das Wasser und die Seife.
19. Am besten du tötest zwei Vögel mit einem Geschoß.
20. Wenn die Katze schläft, kommen die Mäuse hervor.
21. Der Dumme weiß über sein Haus mehr als der Weise über die Häuser der anderen.
22. Der Wein ist die Milch der Alten.
23. Ein alter Arzt, ein junger Barbier (sind am besten).
24. Sobald die Krankheit erkannt ist, ist die Behandlung halb fertig (wörtl.: ist die Hälfte der Behandlung fertig).
25. Lerne auf Kosten von jemand anderem.

ÜBUNG 8.1

1. er herrschte > *ma ħakimx;* er änderte > *ma bidilx;* er forderte > *ma talabx;* er schloss > *m'għalaqx;* er schlief > *ma raqadx;* er kämmte > *ma maxatx* [maxáċ].
2. sie machte > *m'ghamlitx* [mamlíċ]; sie tanzte > *ma żifnitx;* sie trat ein > *ma daħlitx;* sie war froh > *ma ferħitx;* sie träumte > *ma ħolmitx.*

3. sie änderten > *ma bidlûx;* sie banden > *ma rabtûx;* sie träumten > *ma ħolmûx;* sie fütterten > *m'għalfûx;* sie arbeiteten > *ma ħadmûx;* sie lachten > *ma daħkûx.*
4. ich ging hinaus > *ma ħriġtx* [ħriċ(ċ)]; ich wusch > *ma ħsiltx;* ich brach > *ma ksirtx;* ich floh > *ma ħrabtx;* ich näherte mich > *ma rsaqtx;* ich schwieg > *ma skittx* [skiċ(ċ)]; ich schloss > *m'ghalaqt.* (N.B. Alle Formen hier in 4. auch: du...)
5. wir tanzten > *ma żfinniex;* wir wurden frei > *ma ħlisniex;* wir sandten > *ma bagħatniex;* wir schliefen > *ma rqadniex;* wir versanken/schwitzten > *m'għeriqniex.*
6. ihr floht > *ma ħrabtûx;* ihr bandet > *ma rbattûx;* ihr bracht > *ma ksirtûx;* ihr arbeitetet > *m'għamiltûx;* ihr hasstet > *ma bgħadtûx* [battûx].

ÜBUNG 8.2

1. er träumt > *ma joħlomx;* sie tanzen > *ma jiżfnûx;* sie verlieren > *ma jitilfûx;* er lacht > *ma jidħakx;* sie hassen > *ma jobogħdûx.*
2. sie schweigt / du schweigst > *ma tiskotx;* sie bindet / du bindest > *ma torbotx;* sie tritt ein / du trittst ein > *ma tidħolx;* ihr seid froh > *ma tifirħûx;* ihr träumt > *ma toħolmûx.*
3. ich gehe hinaus > *ma noħroġx* [noħróċ(ċ)]; wir werden frei > *ma neħilsûx;* wir lachen > *ma nidħkûx;* wir fliehen > *ma naħarbûx;* ich bleibe > *ma noqgħodx.*
4. mache! > *tagħmilx;* nähere dich! > *tersaqx;* bleibe! > *toqgħodx;* steige hinunter! > *tinżilx;* schlafe! > *torqodx;* brich! > *tiksirx.*
5. bindet! > *torbtûx;* kämmt! > *tomxtûx;* denkt! > *taħsbûx;* geht hinaus! > *toħorġûx;* füttert! > *tagħlfûx;* öffnet! > *tiftħûx.*
(N.B. Vor alle negierten Formen in 4. und 5. kann auch noch *la* treten.)

ÜBUNG 8.3

1. Wer hat das Fenster geöffnet? Ich habe das Fenster geöffnet. Das Fenster ist offen.
2. Wer hat sich die Hand gebrochen? (Wörtl.: Wer hat seine Hand gebrochen?) Lina hat sich die Hand gebrochen. Ihre Hand ist gebrochen.
3. Heute haben wir nur eine Stunde gearbeitet.
4. Wo habt ihr den Esel angebunden? Wir haben den Esel hinter dem Haus angebunden.
5. Der Kranke schlief zwölf Stunden.
6. Hast du Wasser getrunken? Ja, ich habe Wasser und auch Wein getrunken.
7. Brich nicht dein Wort! Geh nicht in jenes Zimmer hinein! Füttere nicht jene Tiere!
8. Verbrennt nicht diese Briefe! Geht nicht bei Nacht hinaus! Verliert nicht die Lizenz!
9. Wascht die Kleider! Schließe die Tür! Schweigt! Macht das! Bleibt zu Hause!
10. Wieviele Eier hast du, Lina? Ich habe dreizehn Eier. Und du, wieviele hast du, Luzia? Ich habe elf.
11. Habt ihr Milch? Nein, aber wir haben viel gutes (wörtl. klares, reines) Wasser.
12. Fünzehn Türen und nur ein Schlüssel!
13. Hast du die Frage des Direktors nicht verstanden? Wo sind die vierzehn Autos, die er verlangt hat?
14. Schreib hier deinen Namen und den Namen deiner Frau und deine Adresse.

KONTROLLFRAGEN 8

1. Siehe insb. die Tabelle auf S. 97.
2. Weil beim Perfekt diese Form den reinen Stamm, ohne Vor- oder Nachsilbe, bietet.
3. Aktivpartizip, Passivpartizip und Verbalabstraktum.
4. Fremdverb: Verb aus dem Italienischen oder Englischen, das in seiner Stammbildung nicht an die aus dem Arabischen ererbten Möglichkeiten angepasst wurde, das also keinem der

Verbstämme zugeordnet werden kann. – Pharyngalverb: Im weiteren Sinne ein Verb, unter dessen Radikalen *għ* vorkommt; im engeren Sinne ein Verb, dessen letzter Radikal *għ* ist. – Konkaves Verb: Dreiradikaliges Verb, dessen mittlerer Radikal *w* oder *j* ist. – Defektives Verb: Dreiradikaliges Verb, dessen letzter Radikal *j* ist.
5. Perfekt- und Imperfektstamm.
6. Sondern *ksirtu* ihr bracht. Elision des kurzen *i* gemäß **3.3.4.** und *e* > *i* gemäß **3.3.2.**
7. *Joqorbu.*
8. Indem man in den zwei Formen der 2. Person Imperfekt das *t* am Beginn wegstreicht.
9. Siehe **8.2.5.**
10. Siehe **8.2.6.**
11. sie lachte > *ma daħkitx;* wir lachten > *ma dħakniex.* Zu den Regeln siehe **8.3.**
12. Indem man an die 2. Person Imperfekt *-x* anfügt. In einer älteren Variante tritt noch *la* vor diese Form.
13. Siehe S. 109, Formen unter selbständig.
14. *Ħmistâx-il dâr u dsatâx-il karrozza.*

ABSCHNITT 9

TEXT 4 Hompesch und Zabbar

Herr Herausgeber,

Ich möchte Herrn Karm Bonavia gratulieren zu der Studie, die er verfasst und in Die Stimme des Heiligtums Madonna von der Gnade unter dem Titel Zu seinem 190. Todestag: Hompesch, der Großmeister, der seinen Namen mit Zabbar verbunden hat publiziert hat.

In dieser Studie gibt Herr Bonavia eine Beschreibung des Lebens jenes Großmeisters von seiner Kindheit bis zu seinem Tode. Diese Arbeit ist von Interesse nicht nur für die Bewohner von Zabbar, sondern auch für die von Zejtun, als (d.h. ehemals auch) Città Beland, was der Familienname der Mutter des Großmeisters war, und auch für die von Siggiewi, als Città Ferdinand, was der (Vor-)Name des Großmeisters war, und (für) alle an der Geschichte von Malta Interessierten.

Ich schlage Herrn Bonavia vor, gelegentlich die Studien, die er über Zabbar verfasst hat, zusammenzutragen und ein Buch über die Geschichte von Zabbar vom Anfang bis heute herauszubringen. Sicherlich ist er gerüstet (wörtl.: sicher [ist], dass er fähig ist), diese Arbeit zu erstellen.

(Anmerkung: Geographische Bezeichnungen werden meist offziell übersetzt, indem die Oberpunkte und der Querstrich bei ħ weggelassen werden; daher hier Zabbar, Zejtun und Siggiewi.)

ÜBUNG 9.1

1. ***târ*** er flog > *itîr, ma târx, ma jtîrx.* ***idûq*** er kostet > *dâq, ma jdûqx, ma dâqx.* ***żiedu*** sie fügten hinzu > *iżîdu, ma żidûx, ma jżidûx.* ***isûmu*** sie fasten > *sâmu, ma jsumûx, ma samûx.* ***għâmet*** sie schwamm > *tgħûm, m'għamitx, ma tgħûmx.* ***trîd*** 1. sie will > *riedet, ma trîdx, ma riditx,* 2. du willst > *ridt, ma trîdx, ma ridtx.* ***marru*** sie gingen > *imorru, ma marrûx, ma*

jmorrûx. **bieghu** sie verkauften > *ibîghu, ma bighûx, ma jbighûx*. **iżûru** sie besuchen > *żâru, ma jżurûx, ma żarûx*. **jgħîdu** sie sagen > *qâlu, ma jgħidûx, ma qalûx*.

2. **ngħîd** ich sage > *għedt, ma ngħîdx, ma għedtx*. **inġîb** ich bringe > *ġibt, ma nġîbx, ma ġibtx*. **qomt** 1. du standest auf > *tqûm, ma qomtx, ma tqûmx*, 2. ich stand auf > *inqûm, ma qomtx, ma nqûm*. **għext** 1. du lebtest > *tgħîx, m'għextx, ma tgħîxx*, 2. ich lebte > *ngħîx, m'għextx, ma ngħîxx*. **immûr** ich gehe > *mort, ma mmûrx, ma mortx*. **doqt** 1. du kostetest > *iddûq, ma doqtx, ma ddûqx*, 2. ich kostete > *indûq, ma doqtx, ma ndûqx*. **morna** wir gingen > *immorru, ma murniex, ma mmorrûx*. **ngħûmu** wir schwimmen > *għomna, ma ngħumûx, m'għumniex*. **irridu** wir wollen > *ridna, ma rridûx, ma ridniex*. **inqûmu** wir stehen auf > *qomna, ma nqumûx, ma qumniex*.

3. **sumtu** ihr fastetet > *issûmu, ma sumtûx, ma ssumûx*. **iżżîdu** ihr fügt hinzu > *żidtu, ma żżidûx, ma żidtûx*. **għentu** ihr halft > *tgħînu, m'għentûx, ma tgħinûx*. **tgħîdu** ihr sagt > *għedtu, ma tgħidûx, m'għedtûx*. **bightu** ihr verkauftet > *tbîghu, ma bightûx, ma tbighûx*. **tbûsu** ihr küsst > *bostu, ma tbusûx, ma bustûx*. **qomtu** ihr standet auf > *tqûmu, ma qumtûx, ma tqumûx*. **tkûnu** ihr seid, werdet sein > *kontu, ma tkunûx, ma kuntûx*.

Anmerkung: Das enttonte und daher zu kürzende *ie* wird oben einheitlich in *i* verwandelt, doch ist auch Übergang in *e* möglich (z.B. *żiedu > ma żidûx ~ żedûx*).

ÜBUNG 9.2

1. *qâm* er stand auf > *ma qâmx, dâqet* sie kostete > *ma daqitx, ma riedx* er wollte nicht > *ried, ma żaritx* sie besuchte nicht > *żâret, bieset* sie küsste > *ma bisitx, ma qalitx* sie sagte nicht > *qâlet*.
2. *sibt* ich fand, du fandst > *ma sibtx, għedt* ich sagte, du sagtest > *m'għedtx, ma qomtx* ich stand nicht auf, du standst nicht auf > *qomt, ma ġibtx* ich brachte nicht, du brachtest nicht > *ġibt, ma mortûx* ihr gingt nicht > *mortu, ridtu* ihr wolltet > *ma ridtûx*.
3. *ma jdûqx* er kostet nicht > *idûq, ma żżîdx* du fügst / sie fügt nicht hinzu > *iżżîd, ma ddûmx* du machst / sie macht nicht weiter > *iddûm, irîdu* sie wollen > *ma jridûx, jgħîdu* sie sagen > *ma jgħidûx, isûmu* sie fasten > *ma jsumûx*.
4. *qûm* steh auf! > *tqûmx, dûqu* kostet! > *idduqûx, iġġibûx* bringt nicht! > *ġîbu, tmorrûx* geht nicht! > *morru, għîdu* sagt! > *tgħidûx, tgħumûx* schwimmt nicht! > *għûmu*.

ÜBUNG 9.3

1. Fabrizio fütterte (pflegte zu füttern) die Tiere jeden Tag.
2. Fabrizio fütterte die Tiere (war beim Füttern der Tiere), als Theresa hereinkam.
3. Fabrizio hatte die Tiere gefüttert, als Theresa hereinkam.
4. Nächste Woche wird Fabrizio die Tiere von Theresa jeden Tag füttern.
5. Fabrizio wird die Tiere bereits gefüttert haben, wenn Theresa hereinkommt.
6. Susanne schlief, als Manuel wegging.
7. Schlieft ihr, als wir eintraten? Ja, wir schliefen.
8. Virginia trug ein weißes Kleid und Friedrich eine neue blaue Jacke.
9. Ich muss das neue Büro am Donnerstag, den 22. Februar, aufsuchen (besuchen).
10. Wir mussten am Dienstag, den 11. Mai, zum Arzt gehen.
11. Viktoria musste am Montag, den 30. August, zum Arzt gehen.
12. Ihr müsst das am Samstag, den 1. Juli, machen.
13. Pina und Lela mussten den Brief am Sonntag, den 9. Juni, absenden.
14. Am Mittwoch, den 4. März, musste ich in Valletta bleiben.
15. Am Freitag, den 13. Januar, dürft ihr nicht ausgehen.

ÜBUNG 9.4

1. *L-ewwel ġimgħa, il-ħdâx-il ġimgħa, il-ġimgħa wieħed u erbgħin.*
2. *It-tieni jûm, il-jûm tnejn u għoxrin, il-jûm tnejn u disgħin.*
3. *It-tielet lezzjoni, it-tlettâx-il lezzjoni, il-lezzjoni tlieta u tletin.*
4. *Ir-raba' paġna, l-erbatâx-il paġna, il-paġna erbgħa u erbgħin, il-paġna sitta u sittin.*
5. *Il-persuna ħamsa, il-persuna ħamsa u ħamsin, il-persuna tmienja u tmenin, il-persuna wieħed u disgħin.*

KONTROLLFRAGEN 9

1. Die mit *j* haben im Imperfekt langes *î*, die mit *w* haben dort langes *û*.
2. *żîd* füge hinzu! > *iżżîdx / iżżîd* du fügst (sie fügt) hinzu > *ma żżîdx.*
   irîd er will > *ma jrîdx / irrîd* ich will > *ma rrîdx.*
   imût er stirbt > *ma jmûtx / immût* ich sterbe > *ma mmûtx.*
   ġieb er brachte > *ma ġiebx / ġîb* bring! > *iġġîbx.*
   għen er half > *m'għenx / għîn* hilf! > *tgħînx.*
3. Siehe **9.1.4.-5.**
4. Er hatte geschrieben. Er schrieb (war beim Schreiben) bzw. pflegte zu schreiben.
5. *Ikûn (diġà) kiteb.*
6. *Ma kellîx flûs* usw. (siehe S. 119 unten rechts).
7. *Għandi (ikolli) mmûr, kelli mmûr.*
8. Siehe **9.4.**
9. Siehe **9.5.**, am Anfang.
10. *Is-sitt persuna* die sechste Person; *is-sitt persuni* die sechs Personen; *is-sittâx-il persuna* 1. die sechzehn Personen, 2. die sechzehnte Person; *is-sittin persuna* die sechzig Personen; *il-persuna sittin* die sechzigste Person.
11. Siehe **9.6.**
12. *Fl-ewwel ta' Ottubru, fit-tnejn ta' Novembru, fil-wieħed u tletin ta' Diċembru.*
13. Für die Dame: korrekt *għas-sinjura;* aus der Luft: *mill-ajru* ist richtig;
    mit dem Admiral: korrekt *ma' l-ammiral;* aus der Novelle: korrekt *min-novella;*
    für den Lehrer: korrekt *għal-għalliem;* meinem Sohn: *lil ibni* ist richtig;
    aus dem Haus: korrekt *mid-dâr;* mit dem Koch: korrekt *mal-kok.*
14. Wer ist der Mann, der sagte, dass Lina kein Auto hat? Das erste *li* ist die Relativpartikel, das zweite die Konjunktion zur Einleitung eines abhängigen Aussagesatzes.

ABSCHNITT 10

TEXT 10 Gold geraubt bei einem *Hold-up* in einem Laden in Qormi.

Eine Anzahl von Halsketten, Armreifen und Ringen aus Gold wurden gestern Morgen bei einem *Hold-up* geraubt, der sich in einem Goldladen in Qormi ereignete. Der *Hold-up* erfolgte durch einen jungen Mann, der eine dunkle Sonnenbrille trug, während ein anderer junger Mann vor der Tür auf ihn wartete. Der Wert des geraubten Goldes ist noch nicht bekannt, obwohl geschätzt wird, dass er hunderte Lira beträgt.

Der *Hold-up* ereignete sich gegen zehn vor elf Uhr in einem Laden, welcher sich in St.-Bastian-Straße 86 befindet. Zu jenem Zeitpunkt trat der genannte junge Mann ein und fragte den Inhaber nach einem *Choker.* Als der Eigentümer Joe Vella sich anschickte, das Schaufenster zu öffnen, zog der Räuber eine kleine Feuerwaffe hervor, richtete sie gegen ihn und forderte von ihm das Geld, das er hatte.

Vella, der 44 Jahre alt ist, aus Birkirkara, antwortete ihm, dass alles, was er im *Cash Register* habe, nur 5 Lira sei. Als Vella sich anschickte, ihm das Geld zu geben, sagte ihm der junge Mann, dass jenes nicht genug sei, und während er ihm die Waffe an die Brust setzte, verlangte er von ihm, ihm das Gold zu geben. Schockiert wie Vella war, öffnete er das Schaufenster, um ihm zu geben, was er wollte, aber der Räuber war schnell bei der Hand, trat hinter den Ladentisch und packte soviel er konnte von den Halsketten, Armreifen und Ringen, die ausgestellt waren.

Sodann lief der Räuber hinaus, wo sich sein Partner befand, und gemäß Zeugen(aussagen) marschierten die zwei Personen eine Strecke, bis sie mit einem Auto wegfuhren.

ÜBUNG 10.1

1. ich (ver)mietete, du (ver)mietetest > *ma krejtx,* ich ging nicht, du gingst nicht > *imxejt,* ihr versteckte nicht > *ħbejtu,* ihr begannt > *ma bdejtûx,* ihr gabt nicht > *tajtu,* ihr saht > *ma rajtûx,* ihr kamt nicht > *ġejtu.*
2. wir (ver)mieteten nicht > *krejna,* wir liefen > *ma ġrejniex,* wir gaben nicht > *tajna,* wir begannen > *ma bdejniex,* sie kamen > *ma ġewx,* sie gaben nicht > *taw,* wir lasen nicht > *qrajna.*
3. sie vergaß > *ma nsietx,* sie begann nicht > *bdiet,* sie gingen nicht > *imxéw,* sie las > *ma qrâtx,* sie lief > *ma ġrietx,* er (ver)mietete nicht > *kera,* er las nicht > *qara.*
4. wir bauen > *ma nibnûx,* wir (ver)mieten nicht > *nikru,* wir sehen > *ma narawx,* wir lesen nicht > *naqráw,* wir vergessen > *ma ninsewx,* wir beginnen nicht > *nibdéw.*
5. gib nicht! > *agħti,* kommt! > *ittiġûx,* (ver)mietet! > *tikrûx,* werft nicht! > *armu,* sieh! > *tarâx,* lauft nicht! > *iġru,* komm nicht! > *ejja,* versteckt! > *taħbûx,* gebt! > *tagħtûx.*
6. sie werfen > *ma jarmûx,* sie bauen nicht > *jibnu,* er liest > *ma jaqrâx,* es kostet > *ma jiswiex,* sie sehen nicht > *jaráw,* sie kommen > *ma jiġûx,* sie (ver)mieten nicht > *jikru,* ich gebe > *ma nagħtîx.*

ÜBUNG 10.2

1. er traf > *laqgħu,* er hob > *refgħu,* sie wiederholte > *reġgħu,* sie hörte > *semgħu,* sie blieben > *baqa',* sie stiegen hinauf > *tala',* sie konnten > *sata'.*
2. ich traf / du trafst > *ilqajna / ilqajtu,* ihr bliebt > *bqajt,* ich verdiente / du verdientest > *qlajna / qlajtu,* wir warfen > *tfajt,* wir wiederholten > *erġajt,* ich stieg / du stiegst hinauf > *tlajna / tlajtu,* ihr konntet > *stajt,* ich hob / du hobst > *erfajna / erfajtu.*
3. sie werfen > *jitfa',* ich höre > *nisimgħu,* sie verdient / du verdienst > *jaqalgħu / taqalgħu,* hebe! > *erfgħu,* bleibt! > *ibqa',* ihr wiederholt > *terġa',* ich steige hinauf > *nitilgħu.*

ÜBUNG 10.3

1. Heißt du Barbara? Nein, ich heiße nicht Barbara, ich heiße Jessica!
2. Wie heißen dein Sohn und deine Tochter? Meine Tochter heißt Theresa und mein Sohn heißt Albert.

3. Wie hieß der Vater deines Vaters? Er hieß Richard.
4. Als ich das Zimmer betrat, schickte meine Frau sich (gerade) an, einen Brief zu öffnen.
5. Im kommenden Februar werden wir viel Geld verdienen. – Wie werdet ihr das machen?
6. Meine Tochter Patrizia kommt nächstes Jahr aus Deutschland zurück.
7. Wann werdet ihr zurückkommen? Wir werden um halb zwei zurückkommen.
8. Wann öffnet dieser Laden? Er wird um 9.15 Uhr öffnen. Und wie spät ist es jetzt? Jetzt ist es zwanzig vor neun.
9. Bis wann kannst du hier bleiben? Bis acht Uhr abends.
10. Seit wann arbeitet dein Bruder in jenem Büro (oder: Amt)? Seit dem 1. März.
11. Kann ich jetzt den Direktor sehen? Nein, jetzt nicht, der Direktor wird um halb zwölf zurückkommen.
12. Der Räuber betrat den Laden gegen zehn Uhr morgens. Und wann kam er heraus? Er kam (überhaupt) nicht heraus, der Ladeninhaber tötete ihn auf der Stelle.

ÜBUNG 10.4

Fall a: *Rajt lil ('il) Ġessika. Rajt lis-sur Albert Saliba. Rajt lil ('il) Malta u Għawdex.*
Fall b: *Rajt lil ('l) ibnek u bintek. Rajt lil ('il) missierek. Rajt lil ('l) ibnek u żagħżugħ ieħor. Rajt lil ('l) omm ħabibi. Rajt lill-għalliem Ġermaniż. Rajt lil ('il) marti. Rajt lil ('il) dak ir-raġel.*
Fall c: *Rajt żagħżugħ ieħor. Rajt ħalliel. Rajt ħanut ġdid. Rajt wieħed Malti. Rajt iċ-ċappetti tad-deheb. Rajt xi kotba u gazzetti. Rajt nies mill-Italja.*

ÜBUNG 10.5

1. *Hija s-siegħa u ħamsa. Huma s-sagħtejn nieqes għoxrin. Huma s-sagħtejn u kwart. Huma s-sagħtejn u tnejn u tletin minuti. Huma l-erbgħa nieqes kwart. Huma s-sitta.*
2. *Fl-għaxra. Fl-għaxra u għoxrin. Fil-ħdax u nofs. Fl-erbgħa u għaxra ta' fil-għaxija. Fis-sebgħa nieqes ħamsa ta' fil-għaxija. Fil-ħdax u tmintax ta' fil-lejl.*
3. *Mit-tmienja u għaxra ta' fil-għodu sa l-erbgħa u nofs ta' fil-għaxija. Mill-ħdax u kwart ta' fil-għodu sa t-tmienja nieqes kwart ta' fil-għaxija.*

KONTROLLFRAGEN 10

1. Perfekt: *qela, qliet, qlejt, qlew, qlejtu, qlejna*
Perfekt negiert: *ma qeliex, ma qlietx, ma qlejtx, ma qlewx, ma qlejtûx, ma qlejniex*
Imperfekt: *yaqli, taqli, naqli, jaqlu, taqlu, naqlu*
Imperfekt negiert: *ma jaqlîx, ma taqlîx, ma naqlîx, ma jaqlûx, ta taqlûx, ma naqlûx*
Imperativ: *aqli, aqlu* – negiert: *taqlîx, taqlûx*
Pp.: *moqli, moqlija, moqlijin*
2. *Aqra, aqráw; agħti, agħtu; âra, aráw; ejja, ejjéw.*
3. Perfekt: *xaba', xebgħet, xbajt, xebgħu, xbajtu, xbajna*
Perfekt negiert: *ma xabâx, ma xebgħitx, ma xbajtx, ma xebgħûx, ma xbajtûx, ma xbajniex*
Imperfekt: *jixba', tixba', nixba', jixbgħu, tixbgħu, nixbgħu*
Imperfekt negiert: *ma jixbâx, ma tixbâx, ma nixbâx, ma jixbgħûx, ma tixbgħûx, ma nixbgħûx*
Imperativ: *ixba', ixbgħu* — negiert: *tixbâx, tixbgħûx*
(Pp. nicht gebräuchlich)
4. Nur in der 1. Person Singular: am Verb *-ni,* am Substantiv *-i* bzw. *-ja.*
5. Nein, muss *jibilgħu* lauten.
6. *Sejjer / ser / se / sa naqra dan. Mhux (m'hux) naqra dan.*

7. Korrekt: *Rajt 'il missieri. – Rajt 'il bintek. – Rajt lis-sur Vella. – Rajtu lil ommi? – Rajtu 'l omm Ġessika? – Rajna 'l ommok. – Rajna lil omm Bertu* ist richtig.
8. *X'għedt?* Was hast du gesagt?
9. *huwa tiela'* wörtl. er (ist) hinaufsteigend, *hija tielgħa* wörtl. sie (ist) hinaufsteigend
10. *Sagħtejn.*
11. Richtig: *Xi tridu? Irridu naqraw xi gazzetti.*
12. *ħaslu:* 1. sie wuschen, 2. er wusch es; *żortu:* 1. ihr besuchtet, 2. du besuchtest ihn, 3. ich besuchte ihn

ABSCHNITT 11

TEXT 6 Kuskus mit Bohnen und Kaninchen mit schwarzen Oliven

400 g Bohnen, 200 g Zwiebeln, 1 Liter Wasser oder Brühe, 200 g Kuskus, 25 g Tomatenmark, ein wenig Margarine, geriebener Käse, Pfeffer und Salz, Knoblauch.

1. Schäle die Zwiebeln und schneide sie sehr klein. Bringe die Margarine zum Schmelzen und röste die Zwiebeln und den Knoblauch, bis sie die Farbe von Gold annehmen.

2. Befreie (wörtl.: schäle) die Bohnen von den zwei Häuten. Füge zu den Zwiebeln hinzu das Tomatenmark, die Bohnen und das Wasser oder die Brühe. Füge den Kuskus hinzu. Bringe zum Kochen und lasse es für ungefähr 12 Minuten brodeln.

3. Füge hinzu den Pfeffer und das Salz und serviere mit dem geriebenen Käse darauf (wörtl.: an der Oberfläche). (Kuskus ist eine kleine und runde Teigware, ein wenig kleiner als eine Kichererbse. Anstatt Bohnen kannst du, wenn du willst, Erbsen verwenden.)

Ein Kaninchen, 200 g Zwiebeln, 100 g schwarze Oliven, Rosmarin, eine Tasse Weißwein (nicht süß), zerstampfter Knoblauch, Öl, Pfeffer und Salz.

1. Teile das Kaninchen in Stücke. Erhitze ein wenig Öl und brate das Kaninchen einige Minuten. Du sollst es nicht stark ausbraten. Nimm (es) aus der Pfanne und lege es in einen Kochtopf.

2. Während du das Kaninchen brätst (wörtl.: in derselben Zeit, dass du das Kaninchen gebraten haben wirst), röste die Zwiebeln und den Knoblauch, bis sie die Farbe von Gold annehmen.

3. Zum Kaninchen füge hinzu die Zwiebeln, den Knoblauch, die Oliven, Wein, Rosmarin, Pfeffer und Salz. Koche es weiter im Ofen ungefähr eine Stunde.

ÜBUNG 11.1

1. ***waslet*** sie kam an > *tasal, ma waslitx, ma tasalx;* ***tiled*** sie gebiert / du gebierst > *wildet, ma tilidx, ma wilditx / wilidt (ulidt), ma tilidx, ma wilidtx (ma wlidtx);* ***uritt*** ich erbte / du erbtest > *niret, ma writtx, ma niritx / tiret, ma writtx, ma tiritx;* ***waqaftu*** ihr standet > *tieqfu, ma waqaftûx, ma teqfûx;* ***naqgħu*** wir fallen > *waqajna (uqajna), ma naqgħûx, ma waqajniex (ma wqajniex);* ***uħilna*** wir blieben stecken > *neħlu, ma wħilniex, ma neħlûx.*

2. ***jeħlu*** sie bleiben stecken > *weħlu, ma jeħlûx, ma weħlûx;* ***nirtu*** wir erben > *wiritna (uritna), ma nirtûx, ma wiritniex (ma writniex);* ***wiżint*** ich wog / du wogst > *niżen, ma wiżint, ma niżinx / tiżen, ma wiżint, ma tiżinx;* ***nieqaf*** ich stehe > *waqaft (uqaft), ma neqafx, ma waqaftx (ma wqaftx);* ***wesgħu*** sie enthielten > *jasgħu, ma wesgħûx, ma jasgħûx;* ***nasal*** ich komme an > *wasalt (usalt), ma nasalx, ma wasaltx (ma wsaltx).*

3. ***żammew*** sie hielten > *iżommu, ma żammewx, ma jżommûx;* ***ħassejna*** wir fühlten > *inħossu, ma ħassejniex, ma nħossûx;* ***ibill*** er befeuchtet > *bell, ma jbillx, ma bellx;* ***inħoll*** ich löse > *ħallejt, ma nħollx, ma ħallejtx;* ***qerrejt*** ich beichtete / du beichtetest > *inqerr, ma qarrejtx, ma nqerrx;* ***iżżommu*** ihr haltet > *żammejtu, ma żżommûx, ma żammejtûx.*

4. ***inqerr*** ich beichte > *qerrejt, ma nqerrx, ma qerrejtx;* ***tħoll*** du löst / sie löst > *ħallejt, ma tħollx, ma ħallejtx / ħallet, ma tħollx, ma ħallitx;* ***messew*** sie berührten > *imessu, ma messewx, ma jmessûx;* ***qerret*** sie beichtete > *tqerr, ma qerritx, ma tqerrx;* ***bellejna*** wir befeuchteten > *inbillu, ma bellejniex, ma nbillûx;* ***immiss*** ich berühre > *messejt, ma mmissx, ma messejtx.*

ÜBUNG 11.2

1. Gestern trank ich viel Wein und heute tut mir der Kopf weh (schmerzt mich mein Kopf).
2. Wenn ihr ankommt, müsst ihr zuerst meinen Vater besuchen.
3. Diese Flasche fasst nur einen Liter und dieses Glas fasst einen halben Liter.
4. Ich erbte das Haus meines Vaters und das Geld, das er hatte, aber ich erbte nicht seine Bücher.
5. Die arme Frau fiel aus dem Fenster und starb. Und wer erbte ihr Geld? Sie hatte kein Geld.
6. Ich kann dieses Knäuel nicht entwirren. Wer kann es entwirren?
7. Du musst diese Tür geschlossen und dieses Fenster offen halten.
8. Ich sagte zum Fahrer des Autos: Halt an (d.h. stop), halt an, ich will hier aussteigen!
9. Wieviel muss ich bezahlen? Du musst tausend Lira bezahlen.
10. Ich will mein Brille suchen. Hast du sie gesehen? Nein, ich habe sie nicht gesehen.
11. Mein Mutter hat mich lesen und schreiben gelehrt und mein Bruder hat mich schwimmen gelehrt.
12. Ich möchte, dass ihr mich morgen um halb sechs am Morgen weckt. (Wörtl.: Ich will euch ihr weckt mich ...)
13. Lest nicht weiter jeden Tag diese Zeitung, die eine halbe Lira kostet.
14. Wieviel kostet dieses Auto? Es kostet 25.000 Lira.
15. Wann hast du Malta zum ersten Mal besucht? Im Jahre 1988.
16. Nimm dieses Buch und gib es deiner Mutter.

ÜBUNG 11.3

1. *Dan jiswa mitt lira, mitejn lira, tliet mitt lira, disa' mija u ħamsin lira, elf (u) mitejn u għaxar liri, elfejn u żewġ liri.*
2. *Dan jiswa għaxart elef dollaru, tnax-il elf (u) erba' mija u erbgħa u erbgħin dollaru, tmienja u erbgħin elf (u) tliet mitt dollaru u wieħed, disa' mija u disgħa u disgħin elf (u) mitejn u għaxar dollari.*
3. *Kemm jiżen dan? Dan jiżen mitejn u ħmistax-il kilo, tliet mija u tliet kilojiet, sitt mija u tmienja u sebgħin kilo, mija u ħdax-il kilo.*
4. *minn elf disa' mija u erbatax sa elf disa' mija u tmintax u minn elf disa' mija u disgħa u disgħin sa elf disa' mija u ħamsa u erbgħin.*
5. *(Nhar) il-Ġimgħa, it-tmienja ta' Awwissu, elf disa' mija u sebgħa u disgħin, fis-sitta u ħamsa u għoxrin (minuta) ta' fil-għaxija.*

KONTROLLFRAGEN 11

1. Siehe **11.1.**, am Anfang.

2. Dadurch, dass der kurze Vokal nach dem 1. Radikal bei Enttonung beibehalten werden kann (*wasalt* ~ *usalt* ich kam an, aber nur *ftaħt* ich öffnete).
3. Das *j* in *bnejt* und *ħallejt* ist der 3. Radikal, in *qtajt* ersetzt es den 3. Radikal (den Pharyngal) und in *żammejt* ist es Teil der Personalendung.
4. Die Formen *temmu* (Perfekt und Imperativ) sowie *itemmu, ittemmu, intemmu* können von beiden Verben sein.
5. Als Pluralendung bei Imperfekt und Imperativ nur *-u,* als Pluralendung der 3. Person Perfekt neben *-u* auch (sogar häufiger) *-ew*.
6. An *ċ d ġ s x ż z.*
7. *Tidħil* ist das Verbalabstraktum Tätigkeit des Hineinsteckens, *tidħila* ist das Nomen vicis (eine bestimmte) Hineinsteckung.
8. Zu den Basis-Möglichkeiten siehe S. 141 unten; zur Ausnahme bei den defektiven Verben siehe **11.3.2.,** ***E.***
9. *Temmem* intensiviert die Bedeutung von *temm;* *daħħal* ist kausativ zu *daħal;* siehe **11.3.3.,** ***A.-B.***
10. *ħamest elef (u) ħames mitt lira u tliet mija u ħamsa u għoxrin dollaru.*

ABSCHNITT 12

TEXT 7 Zeitungsanzeigen

Gesucht *Waiters*, männlich und weiblich (wörtl.: Männer und Frauen) (*Part Time*) und *Assistant Chef* für *Buddies*. Interessierte mögen sprechen mit A.S. oder M.A. persönlich oder indem sie anrufen 471721 täglich (außer Montag) nach 18 Uhr, oder mit S.T. unter 341191 zu den normalen Bürozeiten. *Buddies Restaurant, Pioneer Road*, Bugibba.

Echter *Sale* bei *Togs* mit Sonderangebot: 3 Pfund *off* abgezogen von dem *Sale*-Preis bei jedem Kauf über 10 Pfund, wenn Sie diesen *Voucher* vorweisen. Gültig bis 31. März 1992. *Togs*, Fra-Diegu-Straße 45, Marsa. Rufen Sie an 220145. Geöffnet: Montag bis Freitag von 9 Uhr bis 13 Uhr und von 16 Uhr bis 19 Uhr. Samstag von 9 Uhr bis 13 Uhr.

Gesucht Bürogehilfe/in auf Grundlage Vollzeit. Büro in Valletta benötigt eine(n) Bürogehilfen/in im Alter zwischen 25 und 30 Jahren. Die(se) Firma befindet sich in zentraler Lage in Valletta und beschäftigt 35 Personen. Wir bieten gute Bezahlung. Wer interessiert ist, schreibt an Fach 9860, l-Orizzont, Nofs-in-Nhar-Straße, Valletta.

ÜBUNG 12.1

beschleunigen, akzelerieren > *aċċeleráw, jaċċeleráw, aċċelerajt*
anbeten, adorieren > *aduráw, jaduráw, adurajt*
attackieren > *aggredéw, jaggredixxu, aggredejt*
verwalten, administrieren > *amministráw, jamministráw, amministrajt*
bombardieren > *ibbombjáw, jibbombjáw, ibbombjajt*
ersetzen, substituieren > *issostitwéw, jissostitwixxu, issostitwejt*
buchen > *ibbukkjáw, jibbukkjáw, ibbukkjajt*
überraschen > *issorprendéw, jissorprendu, issorprendejt*
grillen > *iggrilljáw, jiggrilljáw, iggrilljajt*
übertragen > *ittrasmettéw, jittrasmettu, ittrasmettejt*
beharren, persistieren > *ippersistéw, jippersistu, ippersistejt*
unterdrücken > *opprimèw, jopprimu, opprimejt*

ÜBUNG 12.2

1. Habt ihr alle Maltesischen Inseln besucht? Ja, wir haben ganz Malta, ganz Gozo und auch Comino gesehen.
2. Der Dieb stahl (oder: der Räuber raubte) mein ganzes Geld und auch das ganze Geld meiner Frau, aber er hat ihre Ringe und Halsketten nicht genommen. Ich denke, dass er sie nicht gesehen hat.
3. Ist alles bereit für das Essen? – Ja, alles ist bereit. – In Ordnung!
4. Alle Fische sind von Malta, außer diese drei Fische, die von Sizilien sind.
5. Hast du Wassermelonen? – Nein, heute habe ich keine Wassermelonen, aber ich habe sehr schöne Äpfel und Orangen. – Gut, gib mir einen großen Apfel und zwei Orangen. Wieviel kostet es (wörtl.: kosten sie)?
6. Jedermann hat seinen Pass vorzuweisen. Haben Sie keinen Pass? – Nein, ich habe ihn verloren, ich habe alle meine Sachen verloren!
7. Jedermann im Dorf geht jeden Sonntag in die Kirche. – Und alle Leute glauben an Gott?
8. Alles in (wörtl.: mit) allem kann ich nicht glauben, dass mein Freund Manuel mich verraten hat. Er sagt immer: Verratet nicht eure Freunde!
9. Ich vertraute jenem Mann; dennoch hat er mich verraten.
10. Jeden Freitag ging ich mit Manuela tanzen.
11. Ich muss einmal in der Woche zu meiner Schwester gehen.
12. Ich blieb den ganzen Freitag zu Hause.
13. Die ganze Woche gingen wir nicht aus.
14. Wir werden hier bis 13 Uhr bleiben.
15. Sag mir alles, was Alexander in dem Brief geschrieben hat, der gestern eintraf.
16. Ich suchte den Brief meiner Freundin überall, aber ich fand ihn nicht!
17. Ruf mich heute nach 19 Uhr an, aber ruf mich nicht nach 22 Uhr an!
18. Der Arzt sagte mir, ich müsse dieses Medikament alle zwei Stunden einnehmen.

KONTROLLFRAGEN 12

1. Durch Anfügung von *-ja* an den Endkonsonanten und Eingliederung unter Typ *kanta / ikanta.*
2. Verben mit Grundform auf *-ja* haben stets ein Imperfekt ebenfalls auf *-ja,* solche mit Grundform auf *-ixxa* haben stets ein Imperfekt auf *-ixxi.* Die übrigen Verben behalten das *-a* der Grundform bei oder ändern es in *-i.* Wenn man das italienische Grundverb kennt, kann man erschließen: Verben auf *-are* ergeben Verben mit Beibehaltung des *-a,* die übrigen Verben ergeben Verben mit Wechsel *a > i.*
3. Siehe **12.2.**, am Ende.
4. Hier muss *ħawħ* ein Kollektivnomen sein, das Pfirsiche bedeutet, entweder als Obstsorte allgemein oder als unabgezählte größere Menge; *ħawħa* ist dann das Einheitsnomen ein einzelner Pfirsich und *ħawħiet* ist dessen Plural abgezählte, einzelne Pfirsiche, gebraucht insb. mit Zahlwörtern der ersten Dekade.
5. *Kull karrozza, il-karrozza kollha, il-karrozzi kollha.*
6. Manuel wird all das machen müssen.
7. Kann bedeuten gib mir Erbeeren! oder gib mir eine Erdbeere!, da bei Entlehnungen auf *-a* Kollektivnomen und Einheitsnomen zusammenfallen.
8. *Ma studjawx* sie studierten nicht / *tistudjawx* studiert nicht!
9. Siehe **12.4.5.**

10. Weil in *kull ktieb* das Wort *kull* selbst unbetont vor dem Ton steht (*kull ktieb* gilt gewissermaßen als ein einziges Wort), während in *il-ktieb kollu* das Wort *kollu* voll betont ist.

ABSCHNITT 13

TEXT 8 Die Ankunft des Ordens des Hl. Johannes in Malta und der türkische Angriff von 1565.

Am Beginn des 16. Jahrhunderts waren die größten Gefahren für Malta im Begriff, aus dem Osten zu kommen, wo das Türkische Reich, das ein mohammedanisches Reich war, sehr groß geworden war. Die Türken hatten den Mittleren Osten, Ägypen und Teile von Nordafrika ebenso wie einen beträchtlichen Teil des Ostens von Europa erobert und waren bereit, das gesamte Mittelmeer zu dominieren.

Zu dieser Zeit wurde Malta dem Orden des Heiligen Johannes übergeben, welcher Ritter in sich vereinigte, die verbunden waren, um für das Kreuz Christi zu kämpfen und sich der Kranken anzunehmen. Dieser Orden war entstanden (wörtl.: hatte seinen Anfang gesehen) fünf Jahrhunderte zuvor in Jerusalem, aber im Laufe der Jahre wurde er aus dem Heiligen Land und aus Rhodos vertrieben. 1530 übergab ihm Kaiser Karl V., der der Herrscher (wörtl.: König) von Malta war, unsere Inseln zusammen mit der Stadt Tripolis. Karl V. hatte verstanden, dass eine bedrohliche Zeit im Kommen war, und legte deshalb auf die Schultern der Ritter die Bürde, diese zwei Orte gegen die Angriffe, die kommen mussten, zu verteidigen. Die Ritter, die 1522 von Rhodos vertrieben worden waren und seit acht Jahren von Ort zu Ort herumzogen, konnten das Angebot des Herrschers nicht abschlagen (wörtl.: konnten nicht nicht akzeptieren).

Die Ritter versuchten, Malta so gut sie mit den begrenzten Mitteln, die sie hatten, konnten, zu verstärken. 1551 verwüsteten die Türken Gozo und eroberten für sich Tripolis. Demgemäß erwartete man (wörtl.: erwarteten sie) einen viel größeren Angriff später in der Zukunft, denn die Türken fanden sich nicht damit ab, dass die Ritter auf Malta bleiben würden, in Anbetracht von dessen Position in der Mitte des Mittelmeers.

Der erwartete Angriff erfolgte (wörtl.: traf ein) 1565. Aber die Malteser und die Ritter, geführt von dem tapferen Großmeister Jean de la Valette, hielten bis zuletzt stand, obwohl sie das Fort St. Elmo verloren. Nach ganzen dreieinhalb Monaten ununterbrochener Belagerung traf große Hilfe aus Sizilien ein, als die Türken begonnen hatten zu überlegen, unsere Küsten zu verlassen, da sie verloren hatten.

Der Sieg (bei) der Großen Belagerung bedeutete auch, dass der türkische Angriff auf Europa zurückgeschlagen war. Nicht ohne Grund (war es), dass das gesamte christliche Europa frohlockte! Dieser Sieg wird (wörtl.: ist geblieben) gefeiert auf Malta beim Siegesfest am 8. September, es es war zu diesem Datum, dass die Türken abzogen.

ÜBUNG 13.1

għadd / jgħodd: Grundstamm, geminiert, *għaddejt.*
għadda / jgħaddi: II. Stamm, defektiv, *għaddejt.*
siegħel / isiegħel: III. Stamm, stark (mit Pharyngal als 2. Radikal), *segħilt*
laqlaq / ilaqlaq: Grundstamm, vierradikalig, *laqlaqt*
xela / jixli: Grundstamm, defektiv, *xlejt.*
wella / iwelli: II. Stamm, defektiv, *wellejt.*
raxx / iroxx: Grundstamm, geminiert, *raxxejt*

xaba' / jixba': Grundstamm, Pharyngalverb, *xbajt*
qarben / iqarben: Grundstamm, vierradikalig, *qarbint*
qies / iqîs: Grundstamm, konkav, *qist*
waġġa' / iwaġġa': II. Stamm, assimiliert und Pharyngalverb, *waġġejt*

ÜBUNG 13.2

1. sie antwortete > *twieġeb;* ihr zwingt > *ġegħiltu;* wir entfernten > *inbiegħdu;* wir widersprechen > *merejna;* wir zeigten > *nûru;* ich verspreche > *wegħidt;* sie gaben > *jagħtu;* du gehst / sie geht > *mort / marret.*
2. sie sagen > *qâlu;* sie zeigen > *weréw (uréw);* wir essen > *kilna;* ich weiß > *kont nâf;* wir beobachteten (usw.) > *inħâres;* ihr zeigtet > *tûru;* ihr wisst > *kontu tâfu;* sie aßen > *jieklu;* wir kommen > *ġejna;* sie gingen > *imorru*

ÜBUNG 13.3

1. *Għidli, tgħidlîx; kûlu, tiklûx; emmnu, temmnûx; wiegħed, twegħidx.*
2. *Agħtini, tagħtinîx; urûna, turuniex; wieġbu, tweġbûx; fehimni, tfehimnîx.*

ÜBUNG 13.4

1. Heute habe ich eine sehr wichtige Frage. Bitte antworte mir und sag mir die Wahrheit.
2. Warum widersprichst du ständig? Weißt du nicht, dass die Leute den, der widerspricht, nicht gernhaben?
3. Mein Bruder Alfred und seine Frau sind nach Amerika ausgewandert und ich möchte auch auswandern.
4. Das Gesetz sagt, dass der Vater und die Mutter auf ihre Kinder achtgeben müssen.
5. Du musst mir versprechen, dass du mich nicht zwingen wirst, in einem Büro in Valetta zu arbeiten, wenn ich nicht will.
6. Bitte erklärt uns alles, was die Lehrerin gestern gesagt hat.
7. Kannst du mir erklären, was du von mir willst? Wenn ich nicht weiß, was du willst, kann ich es nicht tun.
8. Ich sagte zu Bert und Maria: Könnt ihr mir heute eure neue Wohnung zeigen? Maria antwortete mir: Tut mir Leid, heute haben wir keine Zeit, wir müssen nach Valetta fahren. Kannst du morgen zu uns (nach Hause) kommen?
9. Warum hast du mir deinen Pass gezeigt? — Weil ich möchte, dass du weißt, dass ich kein Ausländer bin.
10. Was machst du gerade, Betty? – Ich lese gerade einen Brief, der heute angekommen ist; weißt du, wer ihn geschickt hat? – Nein, ich weiß nicht; wer?
11. Als ich das Café betrat, sagte ich zu den Leuten, die dort waren: Guten Tag! Und nach anderthalb Stunden bezahlte ich und sagte: Wiedersehen!, und verließ das Café. – Glaubst du (etwa), das ist eine tolle (wörtl.: gute) Story?
12. Um Gottes willen! Ich habe vergessen, wie der Mann heißt, den wir gerade suchen.
13. Zum Glück habe ich alle Dokumente gefunden, die ich verloren hatte. – Gott sei Dank!
14. Meine kleine Tochter sieht gerne unserer Katze zu. Jetzt sieht sie ihr gerade in der Küche zu. – Was macht die Katze gerade? – Sie trinkt gerade Milch.
15. Ich muss jetzt gehen. Wiedersehen! Grüß mir deine Frau und deine Kinder!
16. Bitte gib mir drei Äpfel und ein Kilo Orangen. – Bitte sehr! Noch etwas? – Nein, danke, nur das.
17. Nehmt zur Kenntnis, dass Robert kein Geld hat und deshalb nicht bezahlen kann.
18. Wisse, dass ich eine Feuerwaffe habe! Zeig mir dein Auto!

19. Warum hast du dieses Essen nicht gegessen? – Weil ich es nicht gut gefunden habe. Pardon!
20. Komm mit mir! – Geh zu ihm! – Arbeitet mit uns! – Grüße sie von mir!

KONTROLLFRAGEN 13

1. Dafür, dass der III. Stamm den II. (hier in kausativer Funktion) ersetzt, wenn der 2. Radikal der Pharyngal ist.
2. Siehe **13.3.1.**
3. **Nach 9.2.2.:** Plusquamperfekt *kont qrajt / ma kontx qrajt* ich hatte (nicht) gelesen, Progressive Vergangenheit *kont naqra / ma kontx naqra* ich war (nicht) beim Lesen; ich pflegte (nicht) zu lesen, Futurperfekt *inkûn qrajt / ma nkûnx qrajt* ich werde (nicht) gelesen haben, Progressives Futur *inkûn naqra / ma nkûnx naqra* ich werde (nicht) beim Lesen sein. – **Nach 10.5.:** Einfaches Futur: *sejjer* (bzw. *sejra*) */ ser / se / sa naqra* ich werde lesen, negiert: *m'hûx* (*mhûx*) *sejjer ... naqra* ich werde nicht lesen. *Kont se naqra / ma kontx se naqra* ich war (nicht) im Begriffe (unmittelbar davor) zu lesen; *inkûn se naqra / ma nkûnx se naqra* ich werde (nicht) im Begriffe sein zu lesen. – **Nach 13.4.:** (*m'hûx*) *qiegħed (qiegħda) / qed naqra* ich bin gerade (nicht) dabei zu lesen, *kont qed naqra / ma kontx qed naqra* ich war (nicht) dabei zu lesen, *inkûnx qed naqra / ma nkûnx qed naqra* ich werde (nicht) beim Lesen sein.
4. Siehe **13.5.,** 2., 3. und 5.
5. *M'hemmx imniex!*
6. Siehe S. 171, 4. Eintragung.
7. *L-Għîd it-tajjeb!*
8. *urajja* hinter mir – *urajha* hinter ihr
9. *bla* ohne
10. Verben *wera, għana, idda* (siehe **13.2.**)
11. Siehe **13.3.3.**, am Ende.
12. Ap. *qā ʿid* von *qa ʿada / yaq ʿudu* sitzen.

ABSCHNITT 14

TEXT 9 Die Bauwerke auf Malta

Der maltesische Stein, hervorgekommen aus der Erde [durch den Sandsteinbruch in mehreren Metern Tiefe], welcher für uns ebenso schön ist wie jeder Edelstein, mit seiner Honigfarbe, mit seiner Stärke, ist das Hauptmotiv unserer architektonischen Symphonie. Wir finden ihn beeindruckend in unseren ersten jungsteinzeitlichen Monumenten von vor 5000 oder 6000 Jahren. Wir finden ihn in unseren kleinen mittelalterlichen Kirchen. Wir finden ihn, wie er unsere Dörfer beherrscht, die angeordnet (wörtl.: gesammelt) sind um ihre Pfarrkirche, ein künstlerischer Triumph dieses Stein.Wir finden ihn in Valletta, dass die Ritter begonnen haben. Unser Stein gibt die kubische Form unseren Städten, Dörfern und Häusern.

Bis die Ritter kamen, war unser Land, abgesehen von Medina, der alten Hauptstadt, ein zur Gänze der Landwirtschaft gewidmetes Land. Unsere Dörfer wurden gebaut mit ihren engen Straßen, (gerade) breit genug für Handwägelchen, gut zum Schutz vor der brennenden Sonne, alle ein Zufluchtsort vor den vielen Windstößen, die bei uns wehen, und gut zur Verteidigung gegen die Piraten. Die Häuser selbst und erst recht die Bauernhöfe hatten keine Öffnungen und schon gar nicht große Öffnungen (auf die Straße). Der Abzug (von Rauch und die Lüftung) ins Freie erfolgte in den von den Mauern geschützten (Innen-)Höfen.

Alle Straßen führten auf die eine oder andere Weise in die Dorfmitte. Und das Zentrum war die Kirche, das Haus Gottes, welches gewissermaßen um sich herum alle Häuser versammelt, so wie die Mutter ihre Kinder um sich herum versammelt. Vor der Kirche ist die kleine, hübsche Piazza, wo sich die Dorfbewohner treffen, um ihre Probleme zu besprechen. Bei den Kirchen und allen Bauwerken diente in diesem Land ohne Bäume und daher ohne Holz der Stein für die Dächer, die Balkone, die Mauern, den Boden und sozusagen für die Schutzplätze bei Tag und bei Nacht.

Valletta ist etwas anderes. Unser Valletta, erbaut von den Rittern, hat die großartige Architektur inspiriert von der italienischen Baukunst der Renaissance, des Manierismus und des Barock. Viele Maltesen, die durch das Geld, das die Ritter hereinzubringen begannen, und durch den Handel und die viele Arbeit, welche jene in Gang setzten, einen hohen Lebensstandard erreichten, begannen die Neigung zu verspüren, die großen barocken Kirchen und die großen und schönen Häuser zu erbauen, wie auch die Paläste, so wie wir sie in Valletta hatten.

ÜBUNG 14.1 (Die Alternativbildung, so vorhanden, ist nur bei der ersten Form angegeben, gilt aber analog auch für die folgenden drei Formen.)
laħaq > iltaħaq (~ intlaħaq), iltaħqu, jiltaħaq, jiltaħqu
mellaħ > tmellaħ, tmellħu, jitmellaħ, jitmellħu
maxat > imtaxat (~ intmaxat), imtaxtu, jimtaxat, jimtaxtu
semmen > issemmen, issemmnu, jissemmen, jissemmnu
naża' > intaża' (~ intnaża'), intażgħu, jintaża', jintażgħu
rass > irtass (~ intrass), irtassu, jirtass, jirtassu
salab > insalab (~ instalab), insalbu, jinsalab, jinsalbu
xegħel > inxegħel (~ inxtegħel), inxegħlu, jinxegħel, jinxegħlu
għamel > ngħamel (~ intgħamel), ngħamlu, jingħamel, jingħamlu
tefa > intefa, intféw, jintefa, jintféw
qala' > inqala', inqalgħu, jinqala', jinqalgħu
ġabar > inġabar, inġabru, jinġabar, jinġabru
ġiegħel > iġġiegħel, iġġiegħlu, jiġġiegħel, jiġġiegħlu
qanqal > tqanqal, tqanqlu, jitqanqal, jitqanqlu
basar > inbasar, inbasru, jinbasar, jinbasru

ÜBUNG 14.2

1. *Jiena għandi ħafna flûs, ħija għandu aktar (iktar, iżjed) flûs, missierna għandu l-aktar (l-iktar, l-iżjed) flûs.*
2. *Din il-knisja hi qadîma, iżda l-knisja fir-raħal tagħna hi eqdem minnha. Hija l-eqdem fost il-knejjes ta' dan il-pajjiż.*
3. *Id-diskussjoni fl-għaxra ta' Mejju kienet dettaljata ħafna. Kienet iktar dettaljata milli ħsibt. Iżda l-iktar diskussjonijiet dettaljati kienu (ġrew) il-bieraħ.*
4. *L-iżgħar appartament għandu l-ûsa' gallerija.*
5. *Binti hija għanja ħafna, iżda oħti hi ogħna minnha u ommi hi l-ogħna.*
6. *Din l-ittra hîja iktar importanti mill-ittri l-oħra u din it-telegramma hija l-iktar importanti.*
7. *Tony hu ħabîbi l-egħżeż u Betty hi ħabîbti l-egħżeż.*
8. *L-għasel huwa oħla miz-zokkor, iżda l-imħabba hija l-oħla.*

ÜBUNG 14.3

1. Was sind die drei Filme, die dir am besten (wörtl.: meisten) gefallen haben?
2. Bitte mach das in der möglichst korrekten Art und Weise.
3. Das einfachste ist, dass du mit ihm sprichst und ihm alles erklärst.
4. Die Regierung jenes Landes respektiert nicht die grundlegendsten Menschenrechte.
5. Du musst versuchen, jede Sache um den billigsten Preis zu kaufen.
6. Was erforderlich ist, sind mehr Lehrer und weniger Schüler in jeder Klasse.
7. Ich denke immer zurück an die schönsten Augenblicke meines Urlaubs.
8. Das Schlimmste ist, dass die schönsten Dinge die teuersten sind.
9. Haben Sie keine billigere Sonnenbrille als diese? Bitte zeigen Sie mir die billigste, die Sie haben.
10. Unsere Firma bietet den besten und wirksamsten Service.
11. Der weiter oben genannte Autor gehört zu (wörtl.: ist unter) den bekanntesten Autoren unseres Landes.
12. Wen liebst du am meisten und wen am wenigsten? Wen liebst du mehr, mich oder Tony?

KONTROLLFRAGEN 14

1. Die Bildung eines umschreibenden Passivs durch ein Hilfsverb (*kien, ġie, safa'*) und das Pp.
2. Die Bildung eines besonderen passiven Verbstamms. Dieser wird für den II. und III. Stamm des dreiradikaligen Verbs und für den Grundstamm des vierradikaligen Verbs mittels des Formanten *t-* vor dem 1. Radikal gebildet. Betr. den Grundstamm des dreiradikaligen Verbs siehe S. 178.
3. Siehe S. 178.
4. Siehe Seite 179 unten.
5. Siehe **14.1.3.**
6. Siehe **14.1.4.-5.**
7. **vPSvT**
8. Der intelligentere, der intelligenteste, die intelligentesten, am intelligentesten.
9. Beide möglich; die erstere Form ist stilistisch höherwertig.
10. Siehe **14.2.2.**
11. Auf *eqreb minn* folgt ein Substantiv, auf *eqreb milli* ein Nebensatz. Z.B.: *eqreb minn dârek* näher als dein Haus, *eqreb milli ħaseb* näher, als er dachte.
12. *L-iqsar trîq possibbli.*

ABSCHNITT 15

TEXT 10 Einige Fastenzeit-Gebräuche im Malta der Vergangenheit

Vielleicht ist es vorgekommen, dass ihr den Ausdruck gehört habt: Der hält sich an keine Fastenzeit. (Wörtl.: Jener fastet es nicht in der Fastenzeit.) Diese Worte wendete man auf eine ansehnlich beleibte Person an. Dies deswegen, weil das gebotene Fasten sehr streng war und sich mindestens auf die Mittwoche, die Freitage und die Samstage nahezu der gesamten Fastenzeit erstreckte. Am Freitag war es das ganze Jahr lang niemals erlaubt, dass Fleisch gegessen wird, und diese Abstinenz umfasste auch einige von den anderen Tagen des Fastens.

Demgemäß gab es einige Auswirkungen auf das Essen, das zubereitet wurde, und oftmals war dies einfach Bohnen in Kuskus oder gebackene Dorschfilets. Die Quaresimal gibt es bei uns noch immer, aber diese ist ein mehr oder weniger neuer Import aus Italien oder Sizilien. Am Karfreitag gab man – und gibt zuweilen noch immer – den Kindern Johannisbrotbonbons.

Für den, der fastete, war Essen wie Hühnereier und Milch(-Produkte) verboten. Gleichsam um die kirchlichen Autoritäten nicht zu ergrimmen, zogen also die Milchhändler herum und riefen Hier vom Weißen! anstatt des üblichen Rufs Milch!, als ob nicht jedermann gewusst hätte, was sie verkauften.

Ein Brauch, der heute aufgehört hat, war (wörtl.: ist) das Fasten der sieben Brotbrocken, das die jungen Frauen am Tag der Schmerzen, das heißt am Freitag vor dem Karfreitag (oder: vor der Karwoche), durchführten. Am Morgen gingen diese jungen Frauen hinaus, um sieben Brotbrocken bei sieben verschiedenen Familien zu erbitten, und den ganzen Tag lang aßen sie dann nur diese Brocken und tranken ein wenig Wasser. Es war in der Tat ein Fall von Wasser und Brot.

Am Palmsonntag, das heißt am Sonntag vor Karfreitag, erfolgt die Segnung der Olivenzweige, von denen ein Teil in der Kirche aufgehoben wird, um für die Aschen-Zeremonie am Aschermittwoch des Folgejahres verbrannt zu werden. Noch bis heute werden in den Häusern kleine Zweige der gesegneten Oliven aufbewahrt. Zuweilen werden diese verwendet, um das Haus auszuräuchern und den bösen Blick zu vertreiben, von dem man glaubt, er sei dort eingedrungen. Aber dies ist ein abergläubischer Brauch, der dabei ist aufzuhören.

ÜBUNG 15.1

1. Wir staunten sehr, wie Tony ein ganzes Huhn in fünf Minuten aufaß. Sicherlich hatte er großen Hunger.
2. Wieso wunderst du dich, Betty, über diese meine Frage?
3. Gestern wachte ich um sechs Uhr auf und heute bin ich um halb sieben aufgewacht. Morgen muss ich um Viertel vor fünf aufwachen.
4. Warum hast du Jessica nicht zur Party eingeladen? Weil sie mich zu ihrer Party letzten Monat nicht eingeladen hat.
5. Wir möchten uns verstecken, damit Martin uns nicht sieht, wenn er nach Hause zurückkehrt. Aber wo können wir uns verstecken?
6. Du musst hier ungefähr 20 Minuten warten. – Leider kann ich nicht warten, weil ich um vier Uhr eine Verabredung habe.
7. Bitte warte ein wenig, ich komme in ungefähr fünf Minuten zurück.
8. Sei nicht schüchtern, geh zu ihm und frag ihn, ob er mit uns kommen möchte.
9. Ich fragte Maria nach der Adresse von Monica, aber leider wusste sie sie nicht. – Warum hast du nicht den Direktor gefragt? – Weil ich mich geschämt habe.
10. Wir müssen auch einige Dinge untersuchen, die uns nicht gefallen.
11. Wir haben viel gearbeitet, jetzt müssen wir uns ausruhen.
12. Hast du gehört, dass Robert gestorben ist? Ja. Gott gebe ihm die ewige Ruhe!

ÜBUNG 15.2

1. Niemand sagt: Ich habe nichts und ich will nichts.
2. Manche glauben, dass für die Wissenschaft nichts unmöglich ist.
3. Heute habe ich zehn Stunden gearbeitet! – Das ist gar nichts, Joe, morgen wirst du fünfzehn Stunden arbeiten müssen, nicht mehr und schon gar nicht weniger.
4. Am letzten Sonntag ging niemand in die Kirche, weil alle Leute krank waren.
5. Ich verstehe nicht, wieso niemals eine Studie dieser Phänomene angestellt wurde (wörtl.: erfolgt ist).
6. Ohne den geringsten Zweifel ist diese Vorschrift für niemanden gut.
7. Die Polizei suchte überall, fand aber nicht die geringste Spur des Räubers. Was für eine Schande!
8. Joe werde ich nicht einladen und schon gar nicht seine Frau.

9. Du sollst nicht vor sechs kommen und nicht nach acht bleiben.
10. Nicht einmal der Lehrer verstand die Frage des Direktors.
11. Warst du jemals auf Malta? – Nein, ich war nie auf Malta.
12. Ganz zweifellos sind die schönsten Dinge niemals umsonst.

ÜBUNG 15.3

1. *Ma qrajt xejn. Ma stedint ħadd.*
2. *Qatt ma stħajt. Qatt ma tkellimt magħhom.*
3. *Int bil-ġûħ? Le, m'iniex bil-ġûħ u lanqas bil-għatx, iżda jiena għajjien ħafna.*
4. *Ma kien ħadd bil-ġûħ, iżda kulħadd kien* (oder: *in-nies kollha kienu*) *bil-għatx.*
5. *Qatt rajtûh? Le, sfortunatament qatt (ma rajnieh).*
6. *La rrîd nitkellem ma' ħadd u lanqas niekol xi ħâġa.*
7. *Dan il-ktieb hu bla ebda valur.*

KONTROLLFRAGEN 15

1. *ċkien* klein(er) werden, sich verkleinern, *ċekken* etw. verkleinern, *qsâr* kürzer werden, sich verkürzen, *qassar* etw. verkürzen.
2. Als Variante von *staqsa* : X. Stamm, defektiv.
3. Siehe **15.2.**
4. Siehe **15.2.**, letzter Absatz, am Ende.
5. Siehe **15.4.1.-2.**
6. Vgl. z.B. Übung 15.2, 11.
7. Siehe **15.4.4.**
8. Ich bin noch krank. – Ich bin nicht mehr krank.
9. *Ma għandi ebda mistoqsija.*
10. Eine gar nicht intelligente Frage.
11. *la ssaqsina* wenn du uns fragst, *la ssaqsiniex* frag uns nicht, *la ma ssaqsiniex* wenn du uns nicht fragst
12. Niemand, jedermann, jemand, irgendwer, jeden Sonntag.
13. Auf dem XI., mit Aufgabe der Gemination des 3. Radikals.
14. Siehe S. 192, Mitte.
15. *šayʾan, qaṭṭ, ʿāda, al-ʾanqaṣ*

ABSCHNITT 16

TEXT 11 Die Prozession, die ich am meisten liebe

Ich erinnere mich daran, dass ich es schon seit der Zeit, da ich noch ganz klein war, liebte, die Prozessionen zu sehen. Jetzt, da ich groß geworden bin und sie noch immer liebe, gibt es eine, die ich mehr als die anderen liebe.

In meinem Ort, Mosta, findet die Karfreitagsprozession statt. Das ist eine sehr populäre Prozession nicht nur bei den Leuten meines Ortes; in der Tat kommen sie zu sehen viele Leute von außerhalb des Ortes wie auch viele Touristen.

Bei der Prozession gibt es viele Statuen wie auch das Monument. Einige der Statuen wurden von dem berühmten Bildschnitzer Darmanin geschaffen. Diese (d.h. alle herumgetragenen Statuen) sind mit frischen Blumen geschmückt und bunt bemalt. Wenn die Dunkelheit fällt, sind sie sehr schön mit jenen vielen Lichtern, die aus den Blumen hervorkommen.

Diese Prozession gefällt mir sehr, weil daran viele Menschen teilnehmen, die alle die Trachten der alten Zeiten tragen. Man sieht römische Gewänder und Trachten der Juden. Es gibt auch viele Kinder, die Gegenstände tragen, welche mit dem Leiden und Tod unseres Herrn Jesus Christus in Zusammenhang stehen.

Die Straßen, durch die die Prozession führt, sind mit schönen Pflanzen und Blumen geschmückt. Viele Balkone sind verhüllt mit Damast und geschmückt mit angezündeten Glühlampen.

Ich liebe diese Prozession so sehr, dass ich immer einen guten Platz auf dem Kirchenvorplatz finde, um zu sehen, wie sie herauskommt. Wenn die Prozession ganz herausgekommen ist (wörtl.: herauskommt) verlasse ich meinen Platz und gehe in eine andere Straße, wo sie noch nicht hingelangt ist, und so sehe ich sie nochmals eintreffen und von neuem vorüberziehen. Zum Schluss gehe ich zum großen Tor der Kirche und erfreue mich daran, sie hineinziehen zu sehen.

Ich liebe diese Prozession sehr, denn sie erinnert mich an Leiden, Tod und Auferstehung unseres Herrn Jesus Christus. Vor allem ist sie eine künstlerische und sehr gut organisierte Prozession. Außerdem bildet sie einen wichtigen Teil der Folklore unseres Landes.

ÜBUNG 16.1

1. ***xorob*** er trank > *xorbu, ma xorbûx, xorobha, ma xorobhiex;* ***talab*** er verlangte > *talbu, ma talbûx, talabha, ma talabhiex;* ***libes*** er zog an > *libsu, ma libsûx, libisha, ma libishiex;* ***xandar*** er verbreitete > *xandru, ma xandrûx, xandarha, ma xandarhiex;* ***ħâres*** er blickte an > *ħârsu, ma ħarsûx, ħarisha, ma ħarishiex;* ***biegħ*** er verkaufte > *biegħu, ma bigħûx (begħûx), biegħha, ma bigħhiex (begħhiex);* ***stieden*** er lud ein > *stiednu, ma stednûx, stedinha, ma stedinhiex;* ***ħallas*** er zahlte > *ħallsu, ma ħallsûx, ħallasha, ma ħallashiex;* ***żâr*** er besuchte > *żâru, ma żarûx, żârha, ma żarhiex;* ***sama'*** er hörte > *samgħu, ma samgħûx, samagħha, ma samagħhiex;* ***tella'*** er hob > *tellgħu, ma tellgħûx, tellagħha, ma tellagħhiex.*

2. ***jixrob*** er trinkt > *jixorbu, ma jixorbûx, jixrobha, ma jixrobhiex;* ***jifhem*** er versteht > *jifhmu, ma jifhmûx, jifhimha, ma jifimhiex;* ***jaħsel*** er wäscht > *jaħslu, ma jaħslûx, jaħsilha, ma jaħsilhiex;* ***jibdel*** er ändert > *jibdlu, ma jibdlûx, jibdilha, ma jibdilhiex;* ***ġîb*** bring > *ġîbu, iġġibûx, ġîbha, ma ġġibhiex;* ***jagħraf*** er erkennt > *jagħrfu, ma jagħrfûx, jagħrafha, ma jagħrafhiex;* ***jiżen*** er wägt > *jiżnu, ma jiżnûx, jiżinha, ma jiżinhiex;* ***jibgħat*** er sendet > *jibagħtu, ma jibagħtûx, jibgħatha, ma jibgħathiex;* ***iħoll*** er löst > *iħollu, ma jħollûx, iħollha, ma jħollhiex;* ***niekol*** ich esse > *nieklu, ma niklûx, nikolha, ma nikolhiex;* ***nisma'*** ich höre > *nisimgħu, ma nisimgħûx, nismagħha, ma nismagħhiex.*

3. ***kitbet*** sie schrieb > *kitbitu, ma kitbitûx, kitbitha, ma kitbithiex;* ***stiednet*** sie lud ein > *stednitu, ma stednitûx, stednitha, ma stednithiex;* ***nâfu*** wir wissen > *nafûh, ma nafûhx, nafûha, ma nafuhiex;* ***iżûru*** sie besuchen > *iżurûh, ma jżurûhx, iżurûha, ma jżuruhiex;* ***temmew*** sie vollendeten > *temmewh, ma temmewhx, temmewha, ma temmewhiex;* ***żommu*** haltet > *żommûh, iżżommûhx, żommûha, iżżommuhiex;* ***jirrestitwixxi*** er stellt wieder her > *jirrestitwixxîh (jirrestitwîh), ma jirrestitwixxîhx (jirrestitwîhx), jirrestitwixxîha (jirrestitwîha), ma jirrestitwixxihiex (jirrestitwihiex);* ***jaħbi*** er versteckt > *jaħbîh, ma jaħbîhx, jaħbîha, ma jaħbihiex;* ***taw*** sie gaben > *tawh, ma tawhx, tawha, ma tawhiex.*

4. ***tâ*** er gab > *tâh, ma tâhx, tâha, ma tahiex;* ***nâra*** ich sehe > *narâh, ma narâhx, narâha, ma narahiex;* ***salva*** er rettete > *salvâh, ma salvâhx, salvâha, ma salvahiex;* ***saqsa*** er fragte > *saqsieh, ma saqsiehx, saqsieha, ma saqsihiex;* ***kera*** er (ver)mietete > *krieh, ma kriehx, krieha, ma krihiex;* ***żorna*** wir besuchten > *żurnieh, ma żurniehx, żurnieha, ma żurnihiex;* ***jibda*** er beginnt > *jibdieh, ma jibdiehx, jibdieha, ma jibdihiex;* ***jimballa*** er verpackt > *jimballâh, ma jimballâhx, jimballâha, ma jimballahiex;* ***esprima*** er drückte aus > *esprimieh, m'esprimiehx,* *esprimieha, m'esprimihiex;* ***ittradixxa*** er verriet > *ittradixxieh (ittradieh), ma ttradixxiehx (ttradiehx), ittradixxieha (ittradieha), ma ttradixxiehiex (ttradihiex).*

ÜBUNG 16.2

1. *Râ rûħu, rât rûħħa, rajt rûħek, rajt rûħi, raw irwieħħom (rûħhom), rajtu rwieħkom (rûħkom), rajna rwieħna (rûħna). – Yâra rûħu, târa rûħħa, târa rûħek, nâra rûħi, yaráw irwieħħom (rûħhom), taráw irwieħkom (rûħkom), naráw irwieħna (rûħna).*
2. *Għallem rûħu, għallmet rûħħa, għallimt rûħek, għallimt rûħi, għallmu rwieħħom (rûħhom), għallimtu rwieħkom (rûħkom), għallimna rwieħna (rûħna). – Jgħallem rûħu, tgħallem rûħha, tgħallem rûħek, ngħallem rûħi, jgħallmu rwieħħom (rûħhom), tgħallmu rwieħkom (rûħkom), ngħallmu rwieħna (rûħna).*
3. *Għen rûħu, għenet rûħħa, għent rûħek, għent rûħi, għenu rwieħħom (rûħhom), għentu rwieħkom (rûħkom), għenna rwieħna (rûħna). – Jgħîn rûħu, tgħîn rûħha, tgħîn rûħek, ngħîn rûħi, jgħînu rwieħħom (rûħhom), tgħînu rwieħkom (rûħkom), ngħînu rwieħna (rûħna).*

ÜBUNG 16.3

1. Ich lud alle meine Freunde ein, sogar Peter, der niemals von zu Hause fortgeht.
2. Könnt ihr bis am Abend hier bleiben?
3. Warum hat jener Mann sich mit eigenen Händen getötet? Weil seine Frau ihn verlassen hat.
4. Gibt es genug Wein und Bier für die Party von heute Abend?
5. Es gibt einen Brief, der vor einer Stunde eingetroffen ist, aber ich kann ihn nicht finden.
6. Köpfchen ist ein Diminutiv und bedeutet kleiner Kopf.
7. Die Dschbeiniet (Weichkäselaibchen) sind eine berühmte maltesische Spezialität.
8. Maria ist ein sehr hübsches Mädchen, es gibt im ganzen Ort kein hübscheres Mädchen als sie.
9. Bitte sag mir noch einmal, wie du heißt, und deine Adresse.
10. Welches Buch gefällt dir am besten?
11. Schon seit meiner Kindheit liebte ich die Musik sehr.
12. Wie fühlst du dich heute? – Gottseidank fühle ich mich besser als gestern.

KONTROLLFRAGEN 16

1. Es werden *-a* > *-â-* oder *-ie-*, und *-a'* > *-(a)għ-* ; Details siehe **16.1.1.**
2. *Għallimni (m'għallimnîx), għallmek (m'għallmekx), għallmu (m'għallmûx), għallimha (m'għallimhiex), għallimna (m'għallimniex), għallimkom (m'għallimkomx), għallimhom (m'għallimhomx). – Stednûni (ma stednunîx), stednûk (ma stednûkx), stednûh (ma stednûhx), stednûna (ma stednuniex), stednûkom (ma stednukomx), stednûhom (ma stednuhomx).*
3. Nehmt und nimm es.
4. Siehe **16.2.**
5. Gib uns!
6. Futurpartikel und bis, sogar.
7. Da ist (es gibt) eine Dame, die auf dich wartet, da wartet eine Dame auf dich. – Die Dame wartet dort auf dich.
8. *Hemm(x) ilma? – Le, m'hemmx ilma.*

9. Füßchen, hübsch, lieb.
10. *Hawnhekk m'hemmx deheb.* Hier gibt es kein Gold.

ABSCHNITT 17

TEXT 12 Unsere Straße

Unsere Straße heißt Kurat-Calleja-Straße und sie ist benannt nach Kurat Calleja, der vor einiger Zeit in Mosta lebte.

Unsere Straße ist ziemlich eng und kurz. Da sie eine ziemlich enge Straße ist, geht durch sie nicht so viel Verkehr und daher ist sie ruhig. Durch die Straße können keine großen Lastkraftwägen fahren und es gibt keine Erlaubnis, Autos an der Seite zu parken.

In der Straße findest du zwei Läden, die Kleidung und Haushaltsartikel (wörtl.: Gebrauchsgegenstände benötigt für das Haus) verkaufen. An der Straßenmauer (d.h. an den der Straße zugekehrten Hausmauern) kannst du hin und wieder eine kleine Nische sehen, die der Madonna oder einem Heiligen gewidmet ist.

Die Häuser sind im alten Stil, obwohl in letzter Zeit auch einige neue Häuser gebaut wurden. In unserer Straße findest du keine Villen und keine Mietwohnungen. Viele von den Häusern haben, abgesehen von der Hausnummer (wörtl.: Tornummer), den Namen eines Heiligen oder einer Blume oder den Namen von etwas anderem.

Die Nachbarn sind stets bereit, jemandem in einer Notlage zu helfen. Sie sind sehr reinliche Leute und sie alle tragen Sorge, die Tore und die Fassaden mit schönen Farben zu bemalen, damit auf diese Weise unsere Straße sauber und schön ist.

An den Tagen des Festes der Schutzheiligen unseres Ortes ist unsere Straße mit Flaggen, Pavillons und bunten Glühlampen geschmückt. Zur Weihnachtszeit schmücken die Leute die Fenster und Balkone mit Weihnachtsbäumen, Jesuskind-Figuren oder erleuchteten Krippen.

Obwohl unsere Straße nicht eine von den schönen ist, ist sie (doch) sauber und ruhig und ich habe nicht den Wunsch, dass wir anderswohin übersiedeln (wörtl.: gehen um zu bleiben), wo vielleicht viel Lärm und Mangel an Sauberkeit sind.

ÜBUNG 17.1

Ħabbtejn, xibrejn, jumejn, xahrejn, darbtejn, ġenbejn, minkbejn, passejn, qantarejn.

ÜBUNG 17.2

bagħtûli / ma bagħtulîx, bagħtûlek / ma bagħtulekx, bagħtûlu / ma bagħtulûx, bagħtûlha / ma bagħtulhiex, bagħtûlna / ma bagħtulniex, bagħtûlkom / ma bagħtulkomx, bagħtûlhom / ma bagħtulhomx.
semmâli / ma semmalîx, semmâlek / ma semmalekx, semmâlu / ma semmalûx, semmâlha / ma semmalhiex, semmâlna / ma semmalniex, semmâlkom / ma semmalkomx, semmalhom / ma semmalhomx.
qrâli / ma qralîx, qrâlek / ma qralekx, qrâlu / ma qralûx, qrâlha / ma qralhiex, qrâlna / ma qralniex, qrâlkom / ma qralkomx, qrâlhom / ma qralhomx.
għaddli / m'għaddlîx, għaddlek / m'għaddlekx, għaddlu / m'għaddlûx, għaddilha / m'għaddilhiex, għaddilna / m'għaddilniex, għaddilkom / m'għaddilkomx, għaddilhom / m'għaddilhomx.
ħasilli / ma ħasillîx, ħasillek / ma ħasillekx, ħasillu / ma ħasillûx, ħaslilha / ma ħaslilhiex, ħaslilna / ma ħaslilniex, ħaslilkom / ma ħaslilkomx, ħaslilhom / ma ħaslilhomx.

berikli / ma beriklîx, beriklek / ma beriklekx, beriklu / ma beriklûx, berkilha / ma berkilhiex, berkilna / ma berkilniex, berkilkom / ma berkilkomx, berkilhom / ma berkilhomx.
tellagħli / ma tellagħlîx, tellagħlek / ma tellagħlekx, tellagħlu / ma tellagħlûx, tellagħlha / ma tellagħlhiex, tellagħlna / ma tellagħlniex, tellagħlkom / ma tellagħlkomx, tellagħlhom / ma tellagħlhomx.
żejnitli / ma żejnitlîx, żejnitlek / ma żejnitlekx, żejnitlu / ma żejnitlûx, żejnitilha / ma żejnitilhiex, żejnitilna / ma żejnitilniex, żejnitilkom / ma żejnitilkomx, żejnitilhom / ma żejnitilhomx.
ġabhûli / ma ġabhulîx, ġabhûlek / ma ġabhulekx, ġabhûlu / ma ġabhulûx, ġabhûlha / ma ġabhulhiex, ġabhûlna / ma ġabhulniex, ġabhûlkom / ma ġabhulkomx, ġabhûlhom / ma ġabhulhomx.
żejjinhieli / ma żejjinhilîx, żejjinhielek / ma żejjinhilekx, żejjinhielu / ma żejjinhilûx, żejjinhielha / ma żejjinhilhiex, żejjinhielna / ma żejinhilniex, żejjinhielkom / ma żejjinhilkomx, żejjinhielhom / ma żejjinhilhomx.
urewhomli / m'urewhomlîx, urewhomlek / m'urewhomlekx, urewhomlu / m'urewhomlûx, urewhomlha / m'urewhomlhiex, urewhomlna / m'urewhomlniex, urewhomlkom / m'urewhomlkomx, urewhomlhom / m'urewhomlhomx.

KONTROLLFRAGEN 17

1. *għamillu / m'għamillûx, għamlilha / m'għamlilhiex, għamlitlu / m'għamlitlûx, għamlitilha / m'għamlitilhiex.*
2. *jislifhûlu / ma jislifhulûx, jislifhûlha / ma jislifhulhiex, jislifhielu / ma jislifhilûx, jislifhielha / ma jislifhilhiex.*
3. *jaħselilna* > *jaħslilna; għamelnah* > *għamilnieh; ma ġibtuhulhomx* ist korrekt; *ma katabnielux* > *ma ktibnielux; ma iġibhulhax* > *ma jġibhulhiex; tgħidulomx* > *tgħidhulhomx; ma ġabetielhux* > *ma ġabithielux; qalilhom* ist korrekt.
4. Bei Körperteilen (*dirgħajn*), Zeitspannen (*jumejn*), Maßeinheiten (*uqitejn*) und Essbarem (*ġbintejn*).
5. Nach *q* und *għ* (*saqajn, dirgħajn*).
6. *għajnejn, saqajn.*
7. *subgħajn, ġimagħtejn, sagħtejn*
8. **PSâT** < *fiʿāl, afʿāl;* **iPSTa** < *afʿila, afʿilāʾ;* **mPieSeT** < *mafāʿil, mafāʿīl*

ABSCHNITT 18

TEXT 13 Die Braut von Mosta (Übersetzung in Prosa, ohne Nachbildung der Versgrenzen und des Reims.)

1. Was für ein Montag dämmerte für die Braut von Mosta! Die Türken kamen und raubten sie, derentwegen sie sich keine Sorgen gemacht hatte (an die sie überhaupt nicht gedacht hatte).
2. Als die räuberischen Türken kamen, begann der Hahn zu krähen. Die Hochzeitsgäste waren unten und der Bräutigam in der Kammer oben.
3. Sie nahmen sie und brachten sie fort (gingen mit ihr fort). Sie drehten ihr das Gesicht gegen Osten. Sie zogen ihr die Tracht von Malta aus und setzten ihr den Turban auf.
4. Sie raubten sie und führten sie fort und setzten sie auf das Heck. Sie zogen ihr die Tracht von Malta aus und legten ihr an das schmucke (weite arabische) Obergewand.

5. Was für ein Montag dämmerte für die Braut von Mosta! Ihr Herz pocht drinnen, wie hat sie jene Nacht zugebracht!
6. Sie ergriffen sie und raubten sie. Sie schenkten sie dem Pascha. Alle waren froh über sie, Groß und Klein zogen mit ihr herum.
7. Nimm den Schleier und kämme dein Haar, nimm den Schlüssel, trink und iss! – Ich esse keine Speise, bevor ich in meinen Ort, Mosta, gehe.
8. Mein Haar kämme ich nicht, bevor ich in meinen Ort, Mosta, gehe. Es kämmt es mir meine gütige Mutter und meine Tanta Kozza flicht es mir. (Oder: ... damit es mir meine gütige Mutter kämme ...)
9. Braut, gräme dich nicht, wir machen dich zur Herrscherin (Königin, Sultanin) von Dscherba. – Was nützt es mir, Herrscherin zu sein, wenn ich in die Hände der Berber gefallen bin?
10. Braut, sei nicht betrübt, wir machen dich zur Herrscherin des Landes (wörtl.: der Städte). – Was nützt es mir, Herrscherin zu sein, wenn ich in die Hände der Hunde gefallen bin?
11. Herrin, gräme dich nicht, hier sind die Sachen (die Kleider), kleide dich an und schmücke dich. – Ich soll mich ankleiden? Raub mir (eher) die Kleider, wenn du es so willst, Sklavin musste ich für immer werden!
12. Kleide dich an, meine Tochter, kleide dich an! Hier ist die Truhe, kleide dich an und schmücke dich! – Ich soll mich ankleiden? Unheil über mich (wörtl.: mein Gesicht), ich bin Sklavin für immer geworden (wörtl.: gefallen)!
13. Schlaf, meine Tochter, schlaf! Hier ist das Bett, ruh dich aus, raste! – Ausruhen soll ich mich? Unheil über mich, ich bin Sklavin bei den Hunden geworden!
14. Geht, sagt meiner gütigen Mutter, dass mein Lösegeld siebenhundert ist. – (Die Mutter erwidert:) Besser siebenhundert in der Truhe, als dass meine Tochter freigekauft ist.
15. Geht, sagt der Tante Kozzi, dass mein Lösegeld siebenhundert ist. – (Die Tante erwidert:) Besser siebenhundert in der Truhe, als dass die Tochter meiner Schwester freigekauft ist.
16. Geht, sagt meinem Bräutigam, dass mein Lösegeld siebenhundert ist. – (Der Bräutigam erwidert:) Ich verkaufe das Feld soundso, wenn nur meine Braut freigekauft ist.

ÜBUNG 18.1

Differenzi, ġeneralizazzjonijiet, komplotti, epidemiji, kriterji, frejmijiet ~ frejms, karrijiet, konfużjonijiet, offerti, kamriera, patrijiet, soċjetajiet, perjodiċi, ċifijiet ~ ċifs, episkopali, dukessi, enċikliki, fantastiċi, roti, ġenerali, lassijiet.

ÜBUNG 18.2

1. Ich selbst habe das Fenster geöffnet. Ich selbst habe die Tür geöffnet.
2. Hast du die Sacher (Kleider) selbst gewaschen? Hast du das Auto selbst gewaschen?
3. Sein Vater selbst zeigte mir die Wohnung. Deine Mutter selbst zeigte mir das Zimmer.
4. Habt ihr diese Briefe selbst geschrieben? Ja, wir haben sie selbst geschrieben.
5. Die Direktoren selbst haben uns eingeladen. Deine Kinder selbst haben uns das gesagt.
6. Wir haben mit denselben Personen gesprochen wie ihr (mit denselben Personen, mit denen ihr gesprochen habt).
7. Wir haben dieselben Bücher wie ihr gelesen (dieselben Bücher, die ihr gelesen habt).

ÜBUNG 18.3

1. Wie heißt die Gesellschaft, deren Mitglied du bist?
2. Mein Vater gab mir zwanzig Bücher, von denen fünf auf Maltesisch waren.
3. Das Kind, dessen Mutter vor zwei Jahren starb, lebt bei seinem Onkel.
4. In den kommenden Jahren werden wir alle Gesetze reformieren, von denen viele für heute nicht mehr geeignet sind.
5. Diejenigen, denen ich mich am dankbarsten fühle, sind mein Freund Manuel und seine Frau Angela.
6. Was jener Mann getan hat, ist ein Verbrechen, das von jedermann verurteilt werden muss.

KONTROLLFRAGEN 18

1. Siehe **18.1.1.**
2. Siehe **18.1.4.** und **18.2.1., *D.***
3. Siehe **18.2.1., *B.***
4. Siehe **18.1.1, *C.-D.*** und **18.2., *B.***
5. *Jiena nnifsi (jien innifsi) rajt dân, inti nnifsek (int innifsek) rajt dân, hû(wa) nnifsu râ dân, hî(ja) nfisha rât dân, aħna nfûsna rajna dân, intom infûskom rajtu dân, hûma nfûshom raw dân.*
6. *L-għalliema stess (nfisha) qâlet dân; saħansitra l-għalliema qâlet dân; l-istess għalliema qâlet dân.*
7. immer: siehe **18.4.4.**; zumeist: siehe **18.4.2.**; nur selten: siehe **18.4.3.**
8. Siehe **18.4.1.**
9. Siehe **18.4.5.**
10. *Ir-râġel li stedinni, li hû(wa) zijûji, li saqsejt(u), li missieru râk, li rajt lil missieru, li miegħu tkellimt* (oder: *tkellimt miegħu*), *li bgħatt il-kotba lejh* (oder: *li lejh*), *li tkellimt ma' martu, li fûqu ktibt lejk* (oder: *ktibt lejk fûqu*).

ABSCHNITT 19

TEXT 14 Die älteste bekannte Schrift in maltesischer Sprache

Zahlreich waren jene Gelehrten, die im Laufe der Vergangenheit versuchten herauszufinden, wie das Maltesische begann geschrieben zu werden. Es ist bekannt, dass Kanonikus Agius de Soldanis (1721-1770), der auch der erste Bibliothekar der Öffentlichen Bibliothek war, die heute als die Nationalbibliothek bekannt ist, der erste bekannte Gelehrte war, der eine Suche nach frühen Exemplaren von Schriftstücken auf Maltesisch anstellte und diese ernsthaft untersuchte. Die Frucht seiner Arbeit auf diesem Gebiet war die Erhaltung von maltesischer Dichtung von Bonamico (1639-1680), geschrieben vermutlich zwischen 1672 und 1675. Viele Jahre lang blieb diese Dichtung bekannt als das älteste auf Maltesisch geschriebene Literaturwerk, mit dem Resultat, dass viele annahmen, dass die maltesische Sprache bis zum Beginn des 18. Jahrhunderts gänzlich jeglicher Form von Literatur entbehrte.

Aber ein sehr bedeutsamer Fund erfolgte am 22. September 1966, als die Gelehrten Dr. Godfrey Wettinger und der Dominikanerpater Mikiel Fsadni während einer Forschungsarbeit, die sie durchführten, durch Zufall auf Dichtung stießen, die im 15. Jahrhundert in maltesischer Sprache geschrieben wurde, also etwa zweihundert Jahre, bevor die Dichtung von Bonamico geschrieben wurde. Diese Dichtung war hineingebunden in den ersten Band von Verträgen des Notars Dun Brandano de Caxario, welche zwischen 1533 und 1536 verfasst wurden. Brandano selbst schrieb eine Notiz, dass diese Dichtung, bekannt als Kantilena, das Werk seines Vorfahren Petru Caxaro war, von dem wir wissen, dass er im August des Jahres 1485 starb.

Diese seine Dichtung besteht aus zwanzig Versen eingeteilt in drei Abschnitte von sechs beziehungsweise vier und zehn Zeilen. In diesen versucht Pietru Caxaro in allegorischer Weise seine Verzweiflung zu erklären wegen der Tatsache, dass ein Vorhaben, welches ihm am Herzen gelegen war, zunichte wurde. Vermutlich bezieht er sich auf die Hochzeit, die zwischen ihm und der Witwe Francha de Biglera hätte erfolgen sollen, eine Hochzeit, die dann doch nicht zustandekam.

Die Wichtigkeit dieser Dichtung ist, dass sie zeigt, dass auch in den so weit entfernten Zeiten der letzten Jahre des Mittelalters das Maltesische auch benutzt wurde, um tiefe (wörtl.: hohe) Gedanken in poetischer Form auszudrücken. Die verwendete Sprache ist archaisch und bildet demgemäß so etwas wie ein Bindeglied zwischen dem Arabischen und den mehr rezenten literarischen Traditionen Maltas. Schließlich wurde Pietru Caxaro geboren weniger als zwei Jahrhunderte, nachdem die Araber um die Mitte des 13. Jahrhunderts für immer von den Maltesischen Inseln vertrieben worden waren.

ÜBUNG 19.1

1. Jener Mann ist ein Mensch so wie du; er arbeitet, so wie du arbeitest, und er muss sich ausruhen, so wie du dich ausruhen musst.
2. Viele Touristen, wie z.B. die Deutschen und die Amerikaner, ziehen das Fleisch den Fischen vor.
3. Viele Touristen, wie z.B. die Deutschen und die Amerikaner, ziehen das Bier dem Wein vor.
4. Ich sende dir dieses Geschenk als Beweis meiner Liebe.
5. Derzeit habe ich nichts zu tun.
6. Willst du mir vielleicht sagen, dass ich lüge?!
7. Natürlich kann ich derartige wertvolle Geschenke nicht annehmen.
8. Als ob es nicht genug gewesen wäre, dass er mich nicht besuchte, wollte er nicht einmal mit mir sprechen, als ich ihn besuchte.
9. Ich lud ihn ein, aber es sah so aus, als wollte er nicht kommen. Er macht(e) einen völlig apathischen Eindruck.
10. Es macht den Eindruck, du weisst nicht, was du tust.
11. Offenbar wollt ihr nicht mit uns zusammenarbeiten.
12. Manuela und ich sind seit zwanzig Jahren verheiratet, und wir haben das Gefühl, (erst seit) gestern!
13. Die Kinder begannen zu schreien wie verrückt.
14. Gestern Hitze und heute Kälte wie im Januar!
15. Hast du so etwas wie eine Säge? Ich möchte dieses Holz kleinschneiden.

KONTROLLFRAGEN 19

1. *Meta* (od. *kîf*) *wasalt. Aħjâr minni. Aħjâr milli ħsibt. Jiena bħâla tabîb.*
2. a: wie eine Waage, so etwas wie eine Waage, wie z.B. eine Waage
   b: so eine Waage, eine derartige Waage

3. a: Ich habe viele Bücher, wie z.B. Wörterbücher und Atlanten. Richtig: *...bħâl dizzjunarji* oder: *... bħâlma huma dizzjunarji*
b: Es kam viele Leute, wie z.B. Deutsche und Italiener. Richtig: *...bħâl Ġermaniżi*, oder ... *bħâlma huma Ġermaniżi*
4. Siehe **19.1.2.**
5. *Għoxrin ktieb ġdîda* (od. *ġodda*) und siehe **19.2.2.**
6. Siehe **19.2.1.**
7. *Rajtu x'imkien? Le, ma rajtu mkien.*
8. Siehe **19.3.**

ABSCHNITT 20

TEXT 15 Wenn Malta keine Insel wäre.

Wenn Malta keine Insel wäre, hätten wir sowohl Vorteile als auch Nachteile. Natürlich, wenn Malta keine Insel wäre, wären wir umgeben von anderen Ländern.

Der erste Nachteil, den ich erblicke, ist, dass wir keine Strände hätten und es demgemäß keine leichte (od.: schnelle) Sache wäre, dass wir im Meer so oft schwimmen gehen, wie wir es im Sommer zu tun lieben. Gewiss, in diesem Falle hätten wir Schwimmbäder, aber welcher Unterschied besteht doch zwischen diesen und dem Meereswasser!

Das Fehlen eines Meeres kann zu einem Mangel an Tourismus führen. Und als kleines Land ohne Bodenschätze braucht unser Land den Tourismus sehr.

Wenn Malta keine Insel wäre, würden bei uns keine Schiffe anlegen und wir müssten die Werft schließen, die der größte Arbeitsplatz (wörtl.: der größte Platz, an dem die Leute arbeiten) ist. Auch die Fischerei-Industrie endet (dann).

Der Transport auf dem Land(weg) würde Eisenbahnen in sich einschließen, die durch das Land (wörtl.: in der Länge) fahren. Die Malteser würden öfter in andere Länder fahren, denn sie könnten die Grenzen sogar mit ihren Autos überqueren.

Unter den Vorteilen, vielleicht, hätten wir mehr Wasser; wer weiß, vielleicht hätten wir (sogar) einen Fluss. Es könnte der Fall sein, dass der Handel mit den Nachbarländern zunimmt und die Malteser würden in diese Länder arbeiten gehen.

Ich sage für mein Teil (wörtl.: für mich), ich fühle mich zufrieden, dass Malta eine Insel ist; schade (nur), dass es eine kleine Insel ist. Meiner Meinung nach sehe ich mehr Vorteile als Nachteile dadurch, dass Malta eine Insel ist. Ich fürchte sehr, dass, wenn Malta keine Insel wäre, es nicht lange ein unabhängiges Land bliebe, weil ein Größerer, der daran grenzt, es bald aufschlucken und zu einem kleinen Teilchen von ihm machen würde.

ÜBUNG 20.1

1. Wenn du mir gesagt hättest, dass du kommen möchtest, hätte ich dich eingeladen.
2. Wenn ich gewusst hätte, dass du von mir willst, dass ich komme, wäre ich gekommen.
3. Als (oder: wie) ich es gemacht habe, geriet (wörtl.: kam) es weit besser, als wenn du es gemacht hättest.
4. Wenn du mich gefragt hättest, hätte ich dir geantwortet. (Oder: Wenn du mich fragen würdest/solltest, würde ich dir antworten.)
5. Wenn er etwas gewollt hätte, wäre er gekommen.
6. Wenn du (es) mir nur gesagt hättest, hätte ich versucht, dir zu helfen.

7. Wenn du (nur) gewollt hättest, hättest du die Prüfung bestanden. (Oder: Wenn ich ...)
8. Dieses Buch muss jemand genommen haben, andernfalls wo ist es?
9. Wenn Gott will, treffen wir uns nächsten Monat in Malta.
10. Ganz am Anfang ist da der Zuschlag von zwei Dritteln, der den Rentnern gewährt wird. Es gibt einen durchaus logischen Grund, warum es so geschieht. Wenn die Rentner einen vollständigen Zuschlag erhalten würden, dann würde das festgesetzte Verhältnis zwischen Gehältern und Renten aufgehoben.
11. Der (Stadt-)Rat wäre im Irrtum, wenn er allein, ohne das Rechtsgutachten heranzuziehen, entscheiden würde, ob das Angebotene gegen die Verfassung geht oder nicht.
12. Der Deutsche, der aus Oldenburg schrieb, fühlte sich verärgert, dass es ihm verwehrt wurde (wörtl.: dass er nicht gelassen wurde), das Meer ohne die (üblen) Gerüche zu genießen. Wenn die für den Tourismus Zuständigen berücksichtigt hätten, was wir (früher) geschrieben haben, dann wäre dieser Brief nicht geschrieben worden, der großen Schaden zufügt dem Image von Gozo, das das Ministerium für Gozo zu propagieren versucht.

ÜBUNG 20.2

1. Fürchtet ihr euch nicht, alleine dorthin zu gehen? Nein, wir fürchten uns nicht, aber Daniel fürchtet sich, alleine zu Hause zu bleiben.
2. Sicher (ist), dass ich nicht alles alleine machen kann. Ich brauche jemand anderen, der mir hilft.
3. Warum hasst ihr einander? Warum versucht ihr ständig, einander Schaden zuzufügen?
4. Wem gehören diese Kleider? Das rote ist von Maria und das weiße ist von Lucy.
5. Wenn du willst, nehme ich diese deutsche Zeitung, und du kannst die französische nehmen.
6. Tritt ein, wer immer du sein magst, und nimm Platz!
7. Was immer deine Meinung sein mag, interessiert mich gleich wenig (wörtl.: interessiert mich in gleicher Weise nicht).
8. Welche Torte schmeckt dir am besten (wörtl.: gefällt dir am meisten)?
9. In welchem Zimmer wohnst du? Bitte sag mir, in welchem Zimmer du wohnst!
10. Welche Bücher brauchst du? – Ich schreibe dir, welche Bücher ich brauche.
11. Welcher Angestellte hat dir das gesagt? – Leider erinnere ich mich nicht, welcher.
12. Barbara ist wirklich eine unvergleichlich schöne Frau!

KONTROLLFRAGEN 20

1. a: *Jekk tgħinni, ngħinek.* – b: *Kieku tgħinni, (kieku) kont ngħinek.* – c: *Kieku għentni, (kieku) għentek (kont ngħinek).*
2. ***li*** Relativpronomen (bzw. -partikel), dass, wenn; ***la*** wenn (temporal oder konditional), nicht; ***jekk*** wenn (reale Bedingung), ob
3. Ich weiß nicht, ob er krank ist. Das erste *-x* ist obligat (Teil der Klammer-Negation); das zweite *-x* ist entbehrlich (siehe S. 248, am Anfang).
4. Wie eine potentielle Bedingung der Gegenwart; siehe S. 249, Z. 6-10.
5. *Pietru u Maria jħobbu lil xulxin / jħobbu wieħed lill-ieħor.*
6. Siehe **20.2.1.**
7. Siehe **20.1.1.**; im Real-Fall steht die Apodosis ohne Einleitungspartikel, im Irreal/Potential-Fall kann (nicht: muss) die Apodosis mit *kieku* eingeleitet werden.
8. Ursprünglich: Dichtung – welche ist wie sie?, aktuell: einzigartige, unvergleichliche Dichtung, Dichtung wie keine andere/zweite.
9. Progressive Vergangenheit (er machte, war beim Machen), habituelle Vergangenheit (er pflegte zu machen), Irreal/Potential der Gegenwart (er würde machen), Irreal der Vergangenheit (er hätte gemacht).

10. *Mingħajr* ist eine Präposition (z.B. *mingħajr flus* ohne Geld), *mingħajr ma* ist eine Konjunktion (z.B. *mingħajr ma jħallas flus* ohne dass er Geld zahlt).

ABSCHNITT 21

TEXT 16 Maltesische Gesellschaft für Kunst, Fertigung und Handel, Winterkurse

Die Maltesische Gesellschaft für Kunst, Fertigung und Handel gibt bekannt, dass sie während des Schuljahres 1995-96 neuerlich Kurse organisiert. Die Kurse werden stattfinden zwischen Oktober 1995 und Juni 1996 sowohl während des Tages als auch am Abend. Es ist das Ziel der Gesellschaft, Kurse zu organisieren sowohl für Jugendliche, die zu den Prüfungen von City & Guilds und anderen anzutreten wünschen, als auch für Hausfrauen und (andere) Erwachsene. Die Gesellschaft nimmt Anträge auf Einschreibung in diesen Kursen entgegen:
Kurse für Frauen und Mädchen: (a) Kurse, die zu City & Guilds führen. Zuschnitt und Nähen mit dem Reißdreieck. Die Kurse führen bis zur Schlussprüfung (fünftes Jahr). Zeit: Am Morgen, am Nachmittag und am Abend. – (b) Handarbeiten, Häkeln, Stickerei, Goldstickerei, Malta-Spitze. Zeit: Am Morgen und am Abend.
Kurse für Mädchen und Burschen: Zuschnitt und Nähen mit dem Reißdreieck, Zuschnitt und Nähen mit dem Maßband (wörtl.: mit den Zentimetern), *Fashion Design*, Kunst und Entwurf, Violinspiel, Gitarrespiel, Musiktheorie und Filigran. Zeit: Am Abend.
Kurse für Hausfrauen: Spezialkurs in Nähen und Zuschnitt wird organisiert werden für nicht berufstätige Hausfrauen (wörtl.: Hausfrauen, die nicht arbeiten). Dieser wird abgehalten am Morgen oder am Abend entsprechend der Nachfrage.
Diplome: Die Gesellschaft stellt all jenen, die ihren Kurs mit Erfolg abgeschlossen haben, Diplome aus. – Anmeldungsformulare: Die Formulare sind erhältlich (wörtl.: können erhalten werden) beim Büro der Gesellschaft, Palazzo de La Salle, Republik-Straße 219, Valletta. Anmeldungen, die nach dem 29. September 1995 eingesandt werden, werden nur berücksichtigt, wenn Platz vorhanden ist. – Für mehr Information wird die Allgemeinheit aufgefordert, das Sekretariat der Schule zu kontaktieren.

Kleinanzeigen

Zu verkaufen:
Bugibba – Kaufladen im Zentrum, geeignet für einen Supermarkt oder ein *Take Away*. Rufen Sie an xxx oder xxx.
Bugibba – Wohnung am Meer mit gänzlich neuer Einrichtung. Preis 23.000 Pfund. Rufen Sie an xxx , den Eigentümer.
Birzebbuga – Wohnung mit Einrichtung im ersten Stock am Meer, mit 2 Schlafzimmern, Badezimmer, Küche/Esszimmer usw. 13.500 Pfund. Rufen Sie an xxx.
Marsaxlokk – Haus mit Garage, mit 3 Schlafzimmern, Badezimmer, Sitzzimmer, Küche, *Washroom*, Innenhof usw. 42.000 Pfund. Rufen Sie an xxx.
Sannat Gozo – Neues Haus mit 2 Stockwerken und vollständig eingerichtet, Garage, *Lounge*, *Dining Room*, Küche, 3 *Bedrooms*, 2 Badezimmer, *Laundry*, großer Garten, mit 2 Räumen als Lagerräume, es gibt eine große Zisterne. Rufen Sie an xxx.

Tausch – Möchten Sie Ihr Auto gegen eine neue (Wohnungs-)Einrichtung tauschen? Rufen Sie an xxx.
(Motor-)Boot – ... perfekter Zustand, Preis 1900 Pfund. Rufen Sie an xxx.

Für die besten Reparaturen von *Washing Machines* mit drei Monaten Garantie. Schätzungen zuerst und ohne Bezahlung. Rufen Sie an xxx.
Reparaturen von *Washing Machines* und *Fridges*. Zu billigsten Preisen mit 6 Monaten Garantie auf die Arbeit. Schätzungen gratis. Rufen Sie an xxx.
Zu vermieten: Birkirkara, geräumige Garage (100 x 20 Fuß), für kommerziellen Gebrauch. Rufen Sie an xxx.
Abtretung: Qawra Minimarket, sehr gute Kundschaft. Rufen Sie an xxx zwischen 16 und 17.30 Uhr Montag bis Freitag.

ÜBUNG 21.1

1. Die Polizei bat die Öffentlichkeit, bei der Suche mitzuhelfen.
2. Fühlst du dich fähig das zu tun? – Nein, ich fühle mich nicht fähig es zu tun.
3. Warum erwartest du immer von mir anzufangen? (Oder: Warum wartest du immer darauf, dass ich anfange?)
4. Ich lud Robert ein zu kommen, aber er sagte mir, dass er nicht bereit sei zu kommen.
5. Das (Portrait-)Photo in der Zeitung zeigt Herrn X.Y., wie er den Gewinnern die Preise überreicht.
6. Wir forderen die Rockfans auf, dieser Veranstaltung beizuwohnen und diese jungen Gruppen zu unterstützen, für die dies die Taufe vor dem Publikum sein wird.
7. Wir fordern das Gesundheitsamt auf, darauf zu achten, welche Vorkehrungen getroffen werden müssen.
8. Der Minister sagte weiters, dass 20 Prozent der Auswanderung von den Maltesischen Inseln von Gozo gekommen sei.
9. Auf Gozo findet man nicht so leicht zu arbeiten.
10. Zwei Flüge waren bei der Ankunft auf Malta verspätet (wörtl.: verspäteten sich, auf Malta anzukommen), nachdem beim Flugzeug ein Defekt im Starter eines der Motoren aufgetreten war.

ÜBUNG 21.2

1. Kannst du mir etwas [Geld] geben, um ein paar Sachen [zum Anziehen] zu kaufen?
2. Soll er machen, was er will! Sagt ihnen, sie mögen bezahlen, soviel sie können.
3. Essen wir ein bisschen. Hören wir die Musik an. Er soll das nochmals erklären.
4. Wann wirst du uns besuchen? Wer wird das bezahlen? Wo wird deine Mutter wohnen, wenn sie nach Malta kommt?
5. Jener Film ist wirklich sehenswert.
6. Hast du irgendein Buch, das zu lesen sich lohnt?
7. Die Tochter von Manuel ist wirklich ein Mädchen, das man lieben muss.
8. Das war ein unvergesslicher Tag (wörtl.: ein Tag wert, dass man sich immer daran erinnert)!

KONTROLLFRAGEN 21

1. Wir möchten Maltesisch sprechen lernen. Die Partikel *li* könnte nach *nixtiequ* und/oder nach *nitgħallmu* eingefügt werden.
2. Ich fuhr nach Rom, um meinen Bruder zu besuchen. Nach *Ruma* könnte *ħalli* ~ *ħa* eingefügt werden.
3. *Hija u taqra l-ktieb ftakret lil bintu.*
4. Ich werde hinausgehen. – Lasst mich hinausgehen!

5. Lass mich hinausgehen (und hindere mich nicht)! – Lasst mich hinausgehen, ich will hinausgehen, möge ich hinausgehen!
6. *Ser, se, sa, ħa.*
7. *Li, biex, ħalli, ħa.*
8. a: Wir dürfen nicht vergessen, dass unsere Mittel begrenzt sind. – b: Mary ist eine bewundernswerte Frau.

ABSCHNITT 22

TEXT 17 Die maltesische Hymne (Übersetzung in Prosa, ohne Nachbildung des Reims)

Dieses liebliche Land, die Mutter, die uns ihren Namen gegeben hat,
beschütze, Herrgott, wie Du stets beschützt hat:
Denke daran, dass Du es in lieblichstes Licht gehüllt hast.

Gib, großer Gott, Klugheit dem, der es beherrscht,
Gewähre Güte dem Meister, Stärke dem Arbeiter:
Halt aufrecht die Einheit unter den Maltesern und den Frieden.

TEXT 18 Aus der Verfassung der Republik Malta

1. (1) Malta ist eine demokratische Republik, die gegründet ist auf der Werktätigkeit und auf der Rücksichtnahme auf die grundlegenden Rechte und Freiheiten der Person.
2. (1) Die Religion Maltas ist die römische apostolische katholische Religion. – (2) Die Autoritäten der römischen apostolischen katholischen Kirche haben die Pflicht und das Recht zu lehren, welche Grundsätze gut und welche böse sind. – (3) Der Religionsunterricht im römischen apostolischen katholischen Glauben muss in allen staatlichen Schulen als Bestandteil der verpflichtenden Erziehung vorgesehen sein.
3. (1) Die Nationalflagge Maltas besteht aus zwei gleichen senkrechten Streifen, weiß am Mast und rot an der Außenseite. – (2) Eine Darstellung des George Cross, verliehen an Malta durch Seine Majestät König George VI. am 15. April 1942, befindet sich rot umsäumt in der Ecke des weißen Streifens.
4. Die Nationalhymne Maltas ist Die Maltesische Hymne, die beginnt mit den Worten: Dieses liebliche Land, die Mutter, die uns ihren Namen gegeben hat.
5. Die Nationalsprache Maltas ist die maltesische Sprache. – (2) Die maltesische Sprache, die englische Sprache und jene anderen Sprachen, die durch das Parlament (mit einem Gesetz, welches durch nicht weniger als zwei Drittel aller Mitglieder der Deputiertenkammer zu verabschieden ist) vorgeschrieben werden können, sind die amtlichen Sprachen Maltas und die Verwaltung kann für alle amtlichen Zwecke jede jener Sprachen verwenden. Jedoch kann jede Person sich in jeder der amtlichen Sprachen an die Verwaltung wenden und die Antwort der Verwaltung darauf hat in jener Sprache zu sein. – (3) Die Sprache der Gerichte ist die maltesische Sprache. Jedoch kann das Parlament jene Vorkehrung für den Gebrauch der englischen Sprache in jenen Fällen und unter jenen Bedingungen, die es vorschreiben kann, treffen. – (4) Die Deputiertenkammer kann, wenn sie ihr Verfahren regelt, die Sprache oder die Sprachen festsetzen, die bei den parlamentarischen Verfahren und Aufzeichnungen verwendet werden müssen.

KONTROLLFRAGEN 22

1. Siehe **22.1.1.**
2. Die Form *ċertu* kann auch vor femininem Singular und vor Plural stehen.
3. *Tazza ilma* ein Glas Wasser, aber *tazza ta' l-ilma* ein Wasserglas.
4. Weil ein auf *-a* endendes Wort als erstes Glied eines solchen Ausdrucks dieses *-a* beibehält und nicht, wie in der SC-Verbindung, durch *-et* ersetzt.
5. Vor bei Zeitadverbien der Vergangenheit, über bei solchen der Zukunft (siehe S. 273, am Ende).
6. Siehe S. 272, unten.
7. Siehe **22.3.2.**, zweiter Absatz.
8. Siehe **22.1.5.**
9. Im Süden; der Artikel tritt an den Anfang, obwohl eine SC-Verbindung vorliegt.
10. Der Friede, die Gerechtigkeit und die Sicherheit; bemerkenswert ist, dass der Artikel nur einmal, am Anfang, steht und nicht wiederholt wird.

WÖRTERVERZEICHNIS

MALTESISCH - DEUTSCH

Dieses Wörterverzeichnis enthält nahezu den gesamten Wortschatz des Lehrbuchs, also nicht nur den der Übungen und Texte, sondern auch die zahlreichen in die Sprachlehre eingebauten Beispielwörter. Es waren jedoch die folgenden Abstriche zu machen:

A. Nicht aufgenommen (da bloß zur Exemplifikation, nicht zur Aneignung bestimmt) sind diejenigen Wörter, die (nur) in den Abschnitten 1 bis 3, (nur) in den arabistisch orientierten Sternchen-Sektionen, (nur) in 7.1-2 oder (nur) in Übung 12.1 vorkommen.
B. Nicht aufgenommen sind ferner alle Eigennamen.
C. Nicht aufgenommen sind des weiteren die Mitglieder jener Wortgruppen, die nur in ihrem systematischen Zusammenhang sinnvoll zu studieren sind und nicht alphabetisch geordnet auseinander gerissen werden sollten; es sind dies: die Pronomina (> 5.2.-3., 6.1.1.), die Zahlwörter (> 7.3., 8.4., 9.4.-5., 11.5), die Namen der Wochentage und der Monate (> 9.6.), die acht Himmelrichtungen (> 22.2.2.) und die Feste des Kirchenjahres (> S. 272).
D. Nicht aufgenommen wurden schließlich i. A. (jedoch mit Ausnahmen) die Partizipien und Verbalabstrakta zu Verben in abgeleiteten Stämmen.

Bei all dem ist stets zu berücksichtigen, dass dieses Wörterverzeichnis **nicht als ein vom Lehrbuch unabhängiges Auskunftsmittel** zum Wortschatz des Maltesischen, sondern nur zu dessen Ergänzung dienen soll. Zur Einrichtung des Wörterverzeichnisses ist besonders zu beachten:

1. Bei allen Wörtern arabischen Ursprungs und (dort zur Markierung der Betonung) auch bei manchen anderen ist die **Vokallänge** mit Zirkumflex notiert (*â, î, û*); ausgenommen davon wurde nur die Pluralendung *-in* (so, nicht *-în,* geschrieben). Die Vokallänge ist, um die

Analogie der Formenbildung zu wahren, auch in Silben notiert, die mit *għ* beginnen, wo die Bezeichnung nach den Regeln von 2.2. überflüssig ist. Eine **Betonung auf der drittletzten Silbe** (wie sie bei Wörtern aus dem Italienischen nicht selten vorkommt) ist durch Gravis-Akzent markiert (*klàssiku, ùniku*). Infolge dieser beiden Aussprache-Hilfen unterscheidet sich bei vielen Wörtern die Schreibung von der Standard-Orthographie (die sich natürlich sofort ergibt, wenn man Zirkumflex und Gravis tilgt).

2. Bei allen Substantiven ist das **grammatische Geschlecht** (mittels m. bzw. f.) bezeichnet, auch wenn dieses der Grundregel folgt. Diese Bezeichnung fehlt nur bei Kollektivnomen (Kn., immer maskulin) und Einheitsnomen (En., immer feminin).

3. Bei den meisten Substantiven ist mindestens eine **Pluralform** hinzugefügt (in manchen Fällen werden zwei oder sogar drei Möglichkeiten der Pluralbildung zitiert). Fehlt eine Pluralangabe, dann ist eine Pluralform nicht vorhanden bzw. sehr wenig gebräuchlich. Folgt eine Pluralangabe nach einer Maskulin- und einer Femininform, dann gilt sie für beide Geschlechtsformen.

4. Bei allen **Adjektiven** sind nach der Grundform (Singular maskulin) auch die Singular-feminin-Form und die Pluralform angeführt; ausgenommen hievon sind nur die stets unveränderlichen Adjektive auf *-i* aus dem Italienischen.

5. Die **Verben** sind in ihrer Grundform (Perfekt 3. Person Singular maskulin) zitiert. Bei Verben im Grundstamm wird dazu die entsprechende **Imperfektform** gegeben, da sie in diesem Stamm aus der Perfektform nicht vorhersehbar ist. Nach der Glosse folgt das Passivpartizip (Pp.), wenn bei dem betr. Verb ein solches in Gebrauch ist. Die wenigen gebräuchlichen Aktivpartizipien (Ap.) von Grundstammverben werden hingegen als besondere Vokabel alphabetisch eingeordnet.

6. Das Imperfekt wird auch bei defektiven Verben im II. Stamm hinzugefügt (obwohl dort vorhersehbar). Im Übrigen siehe oben unter D.

7. Verben in **Passivstämmen (Pst.)**, soweit sie im Lehrbuch genannt sind, werden nach dem betr. aktiven Verb, nicht als besonderer Artikel, eingeordnet (also z.B. *(i)ndarab* im Artikel *darab,* nicht unter *n*); sie sind nur in Sonderfällen auch mit einer Übersetzung versehen. (Dass nach einem aktiven Verb kein Pst.-Verb zitiert wird, bedeutet nicht, dass ein solches nicht in Gebrauch ist.) Hingegen sind *t*-Stamm-Verben, die nicht eine direkte passive Entsprechung bilden, unter *t* (bzw. dem Assimilationsprodukt) als besondere Artikel erfasst.

8. Interne Plurale und **Elative** werden nur unter der betr. Grundform zitiert (z.B. *oqsma* nur im Artikel *qasam, iżjed* nur im Artikel *żejjed,* ohne Verweis unter *o* bzw. unter *i*). Die Pluralangaben sind gegenüber dem Lehrbuch z.T. ergänzt, ohne Vollständigkeit (im Falle mehrfacher Pluralbildung) zu beanspruchen.

9. Grundsätzlich sind nur diejenigen **Wortbedeutungen** angegeben, die im Lehrbuch genannt werden. In besonderen Fällen sind diese ergänzt worden; i.A. haben aber die hier angeführten Wörter noch weitere Bedeutungen, für die ein größeres Lexikon zu konsultieren ist.

10. Der **Hilfsvokal** ***i*** am Wortbeginn nach den Regeln von 3.6.1. ist durch Einklammerung kenntlich gemacht; er zählt bei der alphabetischen Einordnung nicht mit. Wir schreiben also z.B. *(i)lsien* und ordnen unter *l* ein.

11. Das **Tilde-Zeichen** (~) steht sowohl für oder (bei freier Wahl zwischen Varianten) als auch für beziehungsweise (bei Varianten, deren Wahl grammatisch geregelt ist).

12. Wo genauere Erklärungen betr. Gebrauch, Formenbildung o. dgl. erforderlich sind, wird auf die betr. Stelle im Lehrbuch verwiesen (mit Zeichen >). Alle Seitenangaben in Verweisen beziehen sich auf das Lehrbuch.

13. Die **Abkürzungen** sind die gleichen wie im Lehrbuch (brauchen daher hier nicht erklärt zu werden); hinzu kommt nur Pst. für Passivstamm (siehe oben in 7.).

A

abbanduna verlassen, aufgeben
abjad m. weiß, f. *bajda,* Pl. *bojod*
abort m. Schwangerschaftsabbruch, Pl. *aborti*
aċċetta annehmen, akzeptieren
addatta anpassen, adaptieren
addattat m. geeignet, passend, f. *addattata,* Pl. *addattati*
adult m. erwachsen, Erwachsener, f. *adulta,* Pl. *adulti*
affari f. Angelegenheit, Pl. *affarijiet* auch: Gebrauchsgegenstände
aġenzija f. Agentur, Pl. *aġenziji*
aġixxa / jaġixxi agieren, handeln, sich benehmen
agrìkolu m. landwirtschaftlich, agrikulturell, f. *agrìkola,* Pl. *agrìkoli*
agħar El. böser, schlechter; bösest, schlechtest
agħma m. blind, f. *għamja,* Pl. *għomja*
aħbâr f. Nachricht, Neuigkeit, Meldung, Pl. *aħbarijiet*
aħdar m. grün, f. *ħadra,* Pl. *ħodor*
l-aħħar der/die letzte (> 5.1.3., letzter Absatz), das Ende; *dan l-aħħar* in letzter Zeit, neuerdings
aħjâr El. besser, best
aħmar m. rot, f. *ħamra,* Pl. *ħomor*
ajru m. Luft; Wetter
ajruplan m. Flugzeug, Pl. *ajruplani*
akkuża anklagen, beschuldigen, jm. Vorwürfe machen
aktar ~ *iktar* El. mehr, meist; *x'aktarx* wahrscheinlich, vermutlich
Alla m. (der Eine) Gott
alla m. (ein) Gott, Pl. *allât; alla mara* Göttin, Pl. *allât nisa*
allegat m. angeblich, f. *allegata,* Pl. *allegati* (> S. 269)
allegòriku m. allegorisch, f. *allegòrika,* Pl. *allegòriċi*
allura also
alternattiv m. alternativ, f. *alternattiva,* Pl. *alternattivi*
amministrazzjoni f. Verwaltung, Pl. *amministrazzjonijiet*
ammira bewundern
ammirall m. Admiral, Pl. *ammiralli*
ammirazzjoni f. Bewunderung
ammont m. Betrag, Menge, Pl. *ammonti*
anàliżi f. Analyse, Pl. *analiżijiet*
anġlu m. Engel, Pl. *anġli*
anki auch; sogar
annotazzjoni f. Anmerkung; Notiz, Aufzeichnung, Pl. *annotazzjonijiet*
anqas ~ *lanqas* nicht einmal, schon gar nicht (> 15.4.5.)
antenat m. Vorfahr(e), Pl. *antenati*
antik m. alt, antik, f. *antika,* Pl. *antiki*
anzjân m. alt, betagt; alter Mann, f. *anzjana,* Pl. *anzjani*
apertura f. Öffnung, Pl. *aperturi*
apostòliku m. apostolisch, f. *apostòlika,* Pl. *apostòliċi*
appartament m. Apartment, Wohnung, Pl. *appartamenti*
applikazzjoni f. Bewerbung, Antrag, Pl. *applikazzjonijiet*
appoġġ m. Stütze; Unterstützung, Pl. *appoġġi*
appuntament m. Verabredung, Pl. *appuntamenti*
arblu m. Mast; Stange, Pl. *arbli*

àrea f. Gebiet, Pl. *àrei*
arġentier m. Silberschmied, Pl. *arġentiera*
arja f. Luft; *għall-arja* im Freien, ins Freie
arkajku m. archaisch, f. *arkajka,* Pl. *arkajċi*
arkitettòniku m. architektonisch, f. *arkitettònika,* Pl. *arkitettòniċi*
arkitettura f. Baukunst, Architektur
arloġġ m. Uhr, Pl. *arloġġi*
arma f. Waffe, Pl. *armi*
armel m. Witwer, f. *armla* Witwe, Pl. *romol*
arranġament m. Arrangement, Vorkehrung, Pl. *arranġamenti*
art f. Erde; Erdboden; Land; Fußboden, Pl. *artijiet* Ländereien, Grundstücke
arti f. Kunst
artìstiku künstlerisch, f. *artìstika,* Pl. *artìstiċi*
assedju m. Belagerung, Pl. *assedji*
assemblea f. Versammlung, Pl. *assembleji*
assoċjazzjoni f. Vereinigung, Verband, Pl. *assoċjazzjonijiet*
assuma / jassumi (als gegeben bzw. richtig) annehmen
astinenza f. Enthaltung, Abstinenz
atlas m. Atlas, Pl. *atlasijiet*
attakk m. Attacke, Angriff, Pl. *attakki*
attenda / jattendi teilnehmen, anwesend sein
attira anziehen, anlocken
attitudni f. Einstellung, Haltung, Pl. *attitudnijiet*
attività f. Aktivität; Veranstaltung, Pl. *attivitajiet*
avolja obwohl
avviż m. Ankündigung, (Werbe-)Anzeige, Pl. *avviżi*
awtorità f. Autorität, Pl. *awtoritajiet*
awtur m. Autor, Pl. *awturi*

B

bagħad / jobgħod hassen, verabscheuen, Pp. *mibgħûd*
bagħal m. Maultier; Maulesel, Pl. *bgħûla*
bagħat / jibgħat senden, schicken, Pp. *mibgħût*
baħar m. Meer, Pl. *ibħra*
baħħar beräuchern, ausräuchern (mit Rauchwerk, insb. Weihrauch)
bajd Kn. Eier, *bajda* En. Ei, Du. *badtejn,* Pl. *bajdiet*
bakkaljaw m. Kabeljau, Dorsch, Pl. *bakkaljawiet*
bala' > bela'
ballu m. (Tanz-)Ball, Pl. *ballijiet*
ballûn m. (Spiel-)Ball, Pl. *blâlen*
il-Bambîn das Jesuskind, *bambin* m. Jesuskind-Figur, Pl. *bambini*
banana Kn. u. En. Banane(n), Pl. *bananiet*
bandiera f. Flagge, Wimpel, Pl. *bnâdar*
banju m. Bad; Badewanne, Pl. *banjijiet*
bank m. Werkbank; Ladentisch, Pl. *banek*
bankina f. Gehsteig, Pl. *bankini*
baqa' / jibqa' bleiben; übrig bleiben
baqra f. Kuh, Rind, Pl. *baqar*

barbier m. Barbier, Pl. *barbiera*
bard m. Kälte
barra als Adverb: außen, draußen, als Präposition, meist + *minn:* außerhalb von; außer; *'l barra* nach draußen, hinaus; *barra minn hekk* außerdem
barrâni m. ausländisch, f. *barranija,* Pl. *barranin*
basal Kn. Zwiebeln, *basla* En. Zwiebel, Du. *basaltejn,* Pl. *basliet*
basar / jobsor vorhersagen, prophezeien, Pp. *mibsûr*
basta vorausgesetzt dass, wenn nur, mit älterer Nebenform *imbasta*
bastiment m. Schiff, Pl. *bastimenti*
bata / ibati leiden
baxà ~ *baxân* m. Pascha, Pl. *baxajiet*
bażi f. Basis, Grundlage, Pl. *bażijiet*
bàżiku m. grundlegend, Grund-, f. *bàżika,* Pl. *bàżiċi*
(i)bbaża fûq gründen auf etw.
bdîl m. Änderung
beda / jibda (etw. od. selbst) beginnen, Pp. *mibdi*
bejgħ m. Verkauf; *għall-bejgħ* zu verkaufen
bejjiegħ m. Verkäufer; Kaufmann, f. u. Pl. *bejjiegħa*
bejn zwischen; durch (beim Dividieren) (> 13.5., 6.)
bejt m. (Flach-)Dach, Pl. *bjût*
beka / jibki weinen, beweinen, Pp. *mibki*
bela' ~ *bala' / jibla'* schlucken, Pp. *miblûgħ*
bell / ibill nassmachen, befeuchten, Pp. *miblûl*
belt f. Stadt, Pl. *bliet*
belti m. städtisch; aus Valletta, f. *beltija,* Pl. *beltin*
bena / jibni bauen, Pp. *mibni;* Pst. *(i)nbena*
berfel umsäumen, einsäumen
berred kühlen
beża' / jibża' minn sich fürchten vor etw.
beżgħân m. furchtsam; besorgt, f. *beżgħanija,* Pl. *beżgħanin*
bgħîd m. fern, weit entfernt, f. *bgħîda,* Pl. *bgħâd;* El. *ibgħad*
bhîma m. Tier, Pl. *bhejjem*
bħâl wie (nicht fragend), vor Verbform: gewissermaßen, sozusagen, *ktieb bħâl dân* solch ein Buch, so ein Buch, ein solches Buch (> 19.1.1.)
bħâla als, in der Eigenschaft von (> 19.1.1.)
bħalissa derzeit
bħâllikieku ~ *bħâl li kieku* ~ *bħâl kieku* als ob (> 19.1.1.)
bħâlma so wie (einen Nebensatz einleitend; > 19.1.1.)
bħalxejn (insb. am Beginn negativer Fragen) etwa, vielleicht
bi ~ *b'* mit, mittels; in (>13.5., 1.)
bibljoteka f. Bibliothek, Pl. *bibljoteki*
biċċa f. Stück, Anteil, Du. *biċċtejn,* Pl. *biċċiet; il-biċċa (l-)kbîra ta'* die meisten von...
biddel verändern
bidel / jibdel ändern; wechseln, Pp. *mibdûl; bidel ma'* eintauschen gegen etw.
bidu m. Anfang, Beginn
bidwi m. Bauer. Pl. *bdiewa*
bieb m. Tür, Tor, Pl. *bibien*
biegħ / ibîgħ verkaufen, Pp. *mibjûgħ*
biegħed entfernen, wegschaffen
il-bieraħ ~ *ilbieraħ* gestern
ilbieraħtlûla ~ *ilbieraħtlûra* vorgestern

bierek segnen, Pst. *tbierek*
bies / ibûs küssen
biex damit, so dass
bikri m. früh, f. *bikrija,* Pl. *bikrin*
billi indem, dadurch dass, angesichts dessen dass; weil
bini m. (ein od. mehrere) Gebäude, Bauwerk, Bauwerke
bint f. Tochter, Pl. *bniet*
birra f. Bier, Pl. *birer*
biss nur
bitħa f. Hof (eines Hauses), Pl. *btieħi*
biża' m. Angst, Furcht
bieżel m. fleißig, f. *bieżla,* Pl. *beżlin*
biżżejjed (ohne Bindestrich; vgl. *żejjed*) genug
bizzilla f. Spitze (Handarbeitsprodukt), Pl. *bziezel*
blâ ohne, *blâ ma* ohne dass
blù blau
bnazzi m. Stille; Windstille; ruhiges, schönes Wetter
bniedem m. Mensch, Pl. *bnedmin*
bolla f. Briefmarke, Pl. *bolol*
bonasira guten Abend
bonġornu ~ *bònġu* guten Morgen, guten Tag
bònswa guten Abend
borma f. Kochtopf, Pl. *borom*
bosta (vor Substantiv) viel, viele
bozza f. Glühlampe, Glühbirne, Pl. *bozoz*
bravu m. geschickt; klug, intelligent, schlau, f. *brava,* Pl. *bravi*
brejk m. Pause, Pl. *brejkijiet* ~ *brejks*
bukkûn m. Bissen Brot, Brotbrocken Pl. *bukkuni*
but m. Tasche (in einem Kleidungsstück), Pl. *bwiet*
bżâr m. Pfeffer
bżonn m. Bedarf, Bedürfnis; Notlage, Pl. *bżonnijiet*

Ċ

ċaħad / jiċħad zurückweisen, Pp. *miċħûd;* Pst. *inċaħad*
ċallas besudeln, beschmutzen
ċans m. Chance, Pl. *ċansijiet*
ċapċap in die Hände klatschen, applaudieren
ċappetta f. Armreif, Pl. *ċappetti*
ċar m. klar, f. *ċara,* Pl. *ċari*
ċavetta f. (kleiner) Schlüssel, Pl. *ċwievet;* vgl. *muftieħ*
ċekken verkleinern, verringern
ċempel (etw. od. selbst) läuten; jn. telephonisch anrufen
ċentimetru m. Zentimeter, Pl. *ċentimetri*
ċentrali zentral
ċerimonja f. Zeremonie, Pl. *ċerimonji*
ċert sicher, *ċertu* m. ein gewisser, für beide: f. *ċerta,* Pl. *ċerti* (> S. 269)
ċertament sicherlich
ċiċra f. Kichererbse, Pl. *ċiċri*
ċif m. Chef, Boss, Pl. *ċifijiet* ~ *ċifs*

ċirasa Kn. u. En. Kirsche(n), Pl. *ċirasiet*
ċittadin m. städtisch; Bürger, f. *ċittadina,* Pl. *ċittadini*
ċitazzjoni f. Zitierung; Vorladung; polizeiliches Strafmandat, Pl. *ċitazzjonijiet*
ċkejken m. klein, f. *ċkejkna,* Pl. *ċkejknin;* El. *iċken*
ċkien klein(er) werden, sich verkleinern, sich verringern
ċkunija f. Kleinheit; Kindheit
ċurkett m. (insb. Finger-)Ring, Pl. *ċrieket*

D

dâb ~ dieb / idûb (selbst) schmelzen, Pp. *midjûb*
dafar / jidfor flechten (insb. das Haar), Pp. *midfûr*
dagħa / jidgħi fluchen, verfluchen, Pp. *midgħi*
daħak ~ daħaq / jidħak ~ jidħaq lachen
daħal / jidħol hineingehen, eintreten, betreten
daħka ~ daħqa f. Lachen, Gelächter
dâm / idûm andauern; weitermachen; etw. bleiben
damask m. Damast
dàmplin m. Kloß, Knödel, Pl. *damplins*
dann / idonn meinen, betrachten (als etw.); *donn* + Personalsuffix: > 19.1.2.
dâq ~ dieq / idûq kosten (eine Speise), Pp. *midjûq*
daqq / idoqq spielen (Musik)
daqqa f. Schlag, Stoß, Hieb; Mal, Du. *daqqtejn,* Pl. *daqqiet* auch: manchmal, ab und zu
daqs so sehr wie, vgl. *għaldaqshekk*
daqstant so sehr
dâr f. Haus, Pl. *djâr*
dâr / idûr herumgehen, herumziehen
darab / jidrob schlagen, Pp. *midrûb;* Pst. *(i)ndarab*
darba f. Mal; einmal, Du. *darbtejn,* Pl. *drâbi; xi darba* (irgendwann)einmal, gelegentlich; *darb'oħra* nochmals, wiederum
data f. Datum, Pl. *dati*
dardar etw. trüben; jm. Übelkeit verursachen, jn. anwidern
dawl m. Licht, Pl. *dwâl*
dawra f. Runde, Rundgang, Rundfahrt, Pl. *dawriet*
dawwar drehen, wenden, *dawwar bi* umgeben mit etw.
dbiel verwelken
(i)ddeċieda / jiddeċiedi entscheiden
(i)ddèdika widmen
(i)ddefenda / jiddefendi verteidigen
(i)ddiskuta / jiddiskuti besprechen, erörtern, diskutieren
(i)ddòmina beherrschen
deċiżjoni f. Entscheidung, Beschluss, Pl. *deċiżjonijiet*
dehbi m. goldfarben, f. *dehbija,* pl. *dehbin*
deheb m. Gold
dehen m. Klugheit, Verstand
dejjaq m. eng, schmal, f. *dejqa,* Pl. *dejqin ~ dojoq;* El. *idjaq*
dejjaq beengen, einengen; stören, ärgern; *dejjaq qalbu* sich kränken
dejjem immer
delegat m. Abgeordneter, Delegierter, f. *delegata,* Pl. *delegati*
delegazzjoni f. Abordnung, Delegation, Pl. *delegazzjonijiet*

delitt m. Verbrechen, Delikt, Pl. *delitti*
dell m. Schatten; Schutz, Pl. *dellijiet*
demgħa f. Träne, Pl. *dmûgħ*
demm m. Blut, Pl. *dmija* (große) Mengen von Blut
demokràtiku m. demokratisch, f. *demokràtika,* Pl. *demokràtiċi*
den m. würdig, f. *denja,* Pl. *denjin*
derwex jn. verwirren, verrückt machen
desinn ~ *disinn* m. Entwurf, Planung, Zeichnen, Pl. *desinji* ~ *disinji*
deskrizzjoni f. Beschreibung, Schilderung, Pl. *deskrizzjonijiet*
dettall m. Detail, Pl. *dettalji*
dettaljât m. detailliert, f. *dettaljata,* Pl. *dettaljati*
dewweb schmelzen lassen, einschmelzen
dgħajjef m. schwach, f. *dgħajfa,* Pl. *dgħajfin*
dgħajsa f. Boot, Pl. *dgħajjes*
dgħîf m. mager; mageres Fleisch, f. *dgħîfa,* Pl. *dgħâf*
dħûl m. Eintritt
dieb > *dâb*
dieħel m. eintretend; nächst (in der Zukunft), f. *dieħla,* Pl. *deħlin*
dieq > *dâq*
differenti verschieden
differenza f. Unterschied, Differenz, Pl. *differenzi*
diffetuż m. schadhaft, fehlerhaft, defekt, f. *diffetuża,* Pl. *diffetużi*
diffiċli schwer (zu tun), schwierig
difiża f. Verteidigung, Pl. *difiżi*
diġà schon, bereits
dineb / *jidneb* sündigen, sich schuldig machen
dipartiment m. Abteilung; Amt, Pl. *dipartimenti*
diploma f. Diplom, Pl. *diplomi*
direttriċi f. Direktorin, Pl. *diretturi nisa*
direttur m. Direktor, Pl. *diretturi*
disinn > *desinn*
diskussjoni f. Diskussion, Pl. *diskussjonijiet*
disprament m. Verzweiflung
ditta f. Firma, Pl. *ditti*
divers m. verschieden, f. *diversa,* Pl. *diversi* (> S. 269)
dizzjunarju m. Wörterbuch, Pl. *dizzjunarji*
djoċesân m. Diözesan-, f. *djoċesana,* Pl. *djoċesani*
djoċesi f. Diözese, Bistum, Pl. *djoċesijiet*
dlâm m. Finsternis, Dunkelheit
dliel m. langes Haupthaar
dmîr m. Pflicht, Pl. *dmirijiet*
dnûb m. Sünde, (moralische) Schuld, Pl. *dnubiet*
dokument m. Dokument, Pl. *dokumenti*
domanda f. Frage, Anfrage, Pl. *domandi*
drawwa f. Gewohnheit, Sitte, Tradition, Pl. *drawwiet*
driegħ m. Arm, Du. u. Pl. *dirgħajn*
dritt m. Recht, Pl. *drittijiet*
dubju m. Zweifel, Pl. *dubji*
duħħân m. Rauch
dukessa f. Herzogin, Pl. *dukessi*
dulliegħ Kn. Wassermelonen, *dulliegħa* En. Wassermelone, Pl. *dulligħât*

duwa f. Medikament, Pl. *duwiet*
dwejra f. Häuschen, Hütte, Pl. *dwejriet*

E

ebda ~ l-ebda zusammen mit Negation: kein einziger, nicht der geringste (> 15.4.7.)
eċċezzjoni f. Ausnahme, Pl. *eċċezzjonijiet*
editur m. Herausgeber, Editor, Pl. *edituri*
edukazzjoni f. Erziehung, Pl. *edukazzjonijiet*
effett m. Wirkung, Effekt, Pl. *effetti*
effiċjenti wirkungsvoll, effizient
ejja komm!, *ejjéw* kommt!
ekklesjàstiku m. kirchlich, f. *ekklesjàstika,* Pl. *ekklesjàstiċi*
element m. Element, Pl. *elementi*
elettorali Wahl-
elèttriku m. elektrisch, f. *elèttrika,* Pl. *elèttriċi*
emigrazzjoni f. Auswanderung, Pl. *emigrazzjonijiet*
emmen / jemmen etw. glauben, + *fi* an etw. glauben, Pp. *emmnut* vertrauenswürdig
enċìklika f. Enzyklika, Pl. *enċìkliki*
epidemija f. Epidemie, Pl. *epidemiji*
episkopali bischöflich
espost m. ausgestellt, f. *esposta,* Pl. *esposti*
espressjoni f. Ausdruck, Pl. *espressjonijiet*
esprima / jesprimi ausdrücken
estenda / jestendi etw. ausdehnen; sich ausdehnen, sich erstrecken
età f. Lebensalter, Pl. *etajiet*
l-ewliemes vorgestern
l-ewwelnett ganz zuerst, ganz am Anfang
eżami m. Prüfung, Examen, Pl. *eżamijiet*
eżemplar m. Exemplar, Pl. *eżemplari*
eżista / jeżisti existieren

F

faċċata f. Fassade, Pl. *faċċati*
faċilment in leichter od. einfacher Weise
faċli leicht (zu tun), einfach
fakkar jn. erinnern od. denken lassen (an etw. = *fi*)
familija f. Familie, Pl. *familji*
famûż m. berühmt, f. *famuża,* Pl. *famużi* (> S. 269)
fanatiżmu m. Fanatismus
fantàstiku m. phantastisch, imaginär, f. *fantàstika,* Pl. *fantàstiċi*
faqar m. Armut
farka f. Brösel, Krümel, kleines Stückchen, Pl. *frâk*
fatt m. Tatsache, Faktum, Pl. *fatti; fil-fatt* in der Tat, tatsächlich
fattiga m./f. Gehilfe, Bürodiener, Pl. *fattigi*
feda / jifdi erlösen; freikaufen, Pp. *mifdi*
fehem / jifhem verstehen, Pp. *mifhûm*

fehma f. Meinung, Pl. *fehmiet*
fejn **1.** wo?, **2.** wo (Nebensatz einleitend)
fekrûna f. Schildkröte, Pl. *fkieren*
fellûs m. Küken, Pl. *flieles*
femminista f. Feministin, Pl. *femministi*
fenek m. Kaninchen, Pl. *fniek*
fenòmenu m. Phänomen, Pl. *fenòmeni*
feraħ / jifraħ sich freuen, froh sein, + *lil* jm. gratulieren
ferħ m. Fröhlichkeit, Freude
ferħân m. froh, fröhlich, f. *ferħâna,* Pl. *ferħanin*
fergħa f. Zweig, Pl. *friegħi*
feroċi wild, ungestüm
ferraħ froh machen, erfreuen
ferrovija f. Eisenbahn, Pl. *ferroviji*
festa f. Fest, Festtag, Feiertag, Pl. *festi*
fetaħ / jiftaħ öffnen, Pp. *miftûħ;* Pst. *(i)nfetaħ*
(i)ffjorixxa / jiffjorixxi blühen; prosperieren
(i)fforma bilden, formen
fi ~ f' in; über (ein Thema) (> 6.4.1., 13.5.,1.)
fidda f. Silber, Pl. *fided* Silberwaren, -sachen
fiddi m. silbrig, f. *fiddija,* Pl. *fiddin*
fidi f. (religiöser) Glaube
fiduċja f. Vertrauen; *fiduċja fih innifsu* Selbstvertrauen
fidwa f. Erlösung; Lösegeld, Pl. *fidwiet*
fiehem jn. verstehen lassen, jm. erklären; Pst. *tfiehem*
fiera f. Ausstellung; (Waren-)Messe, Pl. *fieri*
filugranu m. Filigran(-Arbeit)
fini m. Zweck, Absicht, Pl. *finijiet*
fired / jifred trennen; teilen, Pp. *mifrûd*
firex / jifrex ausbreiten, hinbreiten, Pp. *mifrûx*
fisser erklären; bedeuten
fittex suchen; Pst. *tfittex*
fixkel behindern; Pst. *tfixkel* auch: stolpern und nicht mehr weiter wissen, verwirrt sein
fjur Kn. Blumen, *fjura* En. Blume, Pl. *fjuri*
flieni m. Soundso, f. *fliena,* Pl. *flinin*
flimkien zusammen
flixkûn m. Flasche, Pl. *fliexken*
(min)flok anstatt; *(min)flok ~ (min)flok ma ~ (min)flok li* anstatt dass
flûs Pl. Geld
folklor m. Folklore
fomm m. Mund, Pl. *fommijiet*
forma f. Form, Pl. *forom*
fòrmola f. Formular, Pl. *fòrmoli*
forn m. Backofen, Pl. *frân*
forsi vielleicht
forza f. Kraft, Pl. *forzi*
fost inmitten von
fqajjar m. bedauernswert arm, f. *fqajra,* Pl. *fqajrin*
fqîr m. arm, f. *fqîra,* Pl. *foqra;* El. *ifqar*
frawla Kn. u. En. Erdbeere(n), Pl. *frawli*
frażi f. Ausdruck, Redewendung, Phrase, Pl. *frażijiet*

frejm m. Rahmen, Pl. *frejmijiet* ~ *frejms*
frisk m. frisch, f. *friska,* Pl. *friski*
frott Kn. Früchte, Obst, *frotta* En. Frucht, Pl. *frottiet*
fruntiera f. Grenze, Pl. *fruntieri*
ftakar sich erinnern an etw.
ftakîr m. Gedenken
ftehem vereinbaren
ftehîm m. Vereinbarung, Abkommen, Vertrag; Einverständnis
ftît (vor Singular od. Plural) ein wenig, ein bißchen; ein paar, einige wenige
fûl Kn. Bohnen, *fûla* En. Bohne, Pl. *fuliet*
fundamentali grundlegend, Grund-
fundatur m. Gründer, Pl. *fundaturi*
fûq auf, über, oberhalb von; *fûq kollox* vor allem, insbesondere; *ta' fûq* nördlich, Nord-

Ġ

ġâb ~ ġieb / iġîb bringen, Pp. *miġjûb;* Pst. *(i)nġâb ~(i)nġieb*
ġabar / jiġbor sammeln, Pp. *miġbûr*
ġabra f. Sammlung, Pl. *ġabriet*
ġâr m. Nachbar, *ġâra* f. Nachbarin, Pl. *ġirien*
ġarr / iġorr tragen, transportieren, Pp. *miġrûr*
ġbejna f. kleiner Käselaib (insb. in kleinen Laiben produzierter maltesischer Weichkäse), Du. *ġbintejn,* Pl. *ġbejniet*
ġdîd m. neu, f. *ġdîda,* Pl. *ġodda; mill-ġdîd* von neuem, neuerlich; El. *iġded*
ġebel Kn. Steine, Gestein, *ġebla* En. (ein) Stein, Pl. *ġebliet*
ġedded erneuern; Pst. *iġġedded*
ġej m. kommend; nächst (in der Zukunft), f. *ġejja,* Pl. *ġejjin*
ġelat m. Speiseeis, Eiskrem, Pl. *ġelati*
ġenb m. Seite, Flanke, Du. *ġenbejn,* Pl. *ġnûb; mal-ġenb* an der Seite, seitlich
ġenerali allgemein
ġeneralizzazzjoni f. Verallgemeinerung, Pl. *ġeneralizzazzjonijiet*
ġenerazzjoni f. Generation, Pl. *ġenerazzjonijiet*
ġenn m. Verrücktheit, Wahnsinn
il-Ġenna das Paradies
ġens m. Volk, Pl. *ġnûs*
ġenwîn m. echt, f. *ġenwina,* Pl. *ġenwinin*
ġera / jiġri laufen, rennen; geschehen, vor sich gehen
ġerħa f. Wunde, Pl. *ġrieħi*
ġewwa innen, drinnen
ġîd m. Güter, Besitz(tümer); Wohlstand
(i)ġġieled streiten, kämpfen
ġie / jiġi kommen; vorkommen, sich ereignen (>10.2.3.)
ġieb > *ġâb*
ġiebja f. Wasserreservoir (Zisterne, Teich), Pl. *ġwiebi*
ġiegħel zwingen
ġieri m. fließend, f. *ġierja,* Pl. *ġerjin ~ ġirjin*
ġild m. Haut; Leder, Pl. *ġlûd*
ġimgħa f. Freitag; Woche, Du. *ġimagħtejn,* Pl. *ġimgħât; il-Ġimgħa l-Kbîra* der Karfreitag
ġisem m. Körper, Pl. *iġsma*
ġiżirâna f. Halsband, Halskette, Pl. *ġiżirajjen*

ġlekk m. Jacke, Sakko, Pl. *ġlekkijiet*
ġnejna f. Gärtchen, hübscher kleiner Garten, Pl. *ġnejniet*
ġnien m. Garten, Pl. *ġonna*
ġobba f. früher: weites Obergewand der arabischen Tracht, jetzt: Unterrock, Pl. *ġobbiet* ~ *ġobob*
ġobon Kn. Käse, *ġobna* En. Käselaib, Pl. *ġubniet*
ġojjin m. Hänfling (ein Singvogel aus der Gattung Finken, besucht auf seinen Zügen Malta, wo er nahezu als Nationalvogel gilt), Pl. *gojjini*
ġûħ m. Hunger, *bil-ġûħ* Hunger habend, hungrig
ġurdien m. Maus, Ratte, Pl. *ġrieden*
ġurnata f. Tag, Pl. *ġrânet*
ġustizzja f. Gerechtigkeit
ġuvni m. junger Mann, Jugendlicher, Pl. *ġuvintur*
ġżîra f. Insel, Pl. *ġżejjer*

G

gallerija f. Balkon, Pl. *galleriji*
gamewwa f. Kameo(-Brosche), Pl. *gamewwiet*
ganċ m. Haken; Häkelnadel, Pl. *ganċijiet*
garanzija f. Garantie, Pl. *garanziji*
garaxx m. Garage, Pl. *garaxxijiet*
gawda / igawdi genießen
gazzetta f. Zeitung, Pl. *gazzetti*
giddieb m. Lügner, Pl. *giddibin*
gideb / jigdeb lügen
gidem / jigdem beißen, Pp. *migdûm;* Pst. *(i)ngidem*
gost m. Vergnügen; *ħa gost* Vergnügen haben, sich vergnügen
grad m. Grad, Rang, Pl. *gradi*
gradwazzjoni Graduierung; Schulabschlussfeier, Pl. *gradwazzjonijiet*
gramma f. Gramm, Pl. *grammi*
grammàtika f. Grammatik, Pl. *grammàtiki*
grammàtiku m. grammatisch; Grammatiker, f. *grammàtika,* Pl. *grammàtiċi*
grandjûż m. großartig, grandios, f. *grandjuża,* Pl. *grandjużi*
grat m. dankbar, f. *grata,* Pl. *grati*
grazzi (ħafna) danke (sehr)
grazzja f. (göttliche) Gnade, Pl. *grazzji*
griż m. grau, f. *griża,* Pl. *griżin*
griżma f. Salbung; Salböl, Pl. *griżmi; griżma ta' l-isqof* (kathol.) Firmung, *griżma tal-morda* (kathol.) Krankenölung
grupp m. Gruppe, Pl. *gruppi*
gvern m. Regierung, Pl. *gverni*
gwadann m. Gewinn, Profit, Pl. *gwadanji*
gwida f. Führer, Leiter; Leitbild, Pl. *gwidi*

GĦ

għâd noch, mit Negation: nicht mehr bzw. noch nicht (> 15.5.)
għada morgen
għadd / jgħodd zählen, Pp. *magħdûd*
għadda / jgħaddi hinübergehen, vorbeigehen; vergehen (Zeit); verbringen (Zeit); beschließen (ein Gesetz), Pp. *mgħoddi*
għadam Kn. Knochen, *għadma* En. (ein) Knochen, Pl. *għadmiet*
għafas / jagħfas drücken, pressen, Pp. *magħfûs*
għaġîn m. Teigware
għajjat ausrufen; schreien, brüllen
għajjien m. müde, f. *għajjiena,* Pl. *għajjenin*
għajn f. **1.** Auge, Du. und Pl. *għajnejn,* **2.** Quelle, Pl. *għejûn;* *l-għajn ħażîna* der böse Blick
għajnûna f. Hilfe, Unterstützung, Pl. *għajnuniet*
għajta f. Ruf, Schrei, Pl. *għajtiet*
għal für; mal (beim Multiplizieren) (>13.5., 2.); *għal kollox* für immer, endgültig
għala warum?
għalaq / jagħlaq schließen, Pp. *magħlûq*
għaldaqshekk demgemäß, dementsprechend
għalef / jagħlef füttern, Pp. *magħlûf;* Pst. *ngħalef ~(i)ntgħalef*
għalhekk deshalb, demgemäß
għaliex ~ il-għaliex **1.** warum? **2.** weil, denn
għalkemm obwohl
għalla / jgħalli (etw. in Wasser) kochen, sieden
għallem lehren, unterrichten; Pst. *tgħallem* lernen
għalliem m. Lehrer, *għalliema* f. Lehrerin, Pl. *għalliema ~ għallimin*
għalqa f. (bestelltes) Feld, Acker, Pl. *għelieqi*
għâm / jgħûm schwimmen (d.h. sich im Wasser fortbewegen oder nicht untergehen)
għama / jagħma blind sein
għamâra f. Möbel (Pl.), Mobiliar
għamel / jagħmel tun, machen, Pp. *magħmûl*
għammed taufen
għana / jagħni reich machen, bereichern (> 13.2.)
għand bei, im Hause von (> 7.4.)
għani m. reich, f. *għanja,* Pl. *għonja;* El. *ogħna*
għanqûd Traube; Büschel, Pl. *għenieqed*
għaqad / jagħqad gerinnen, klumpen, Pp. *magħqûd* vereint, vereinigt
għaqal m. Klugheit, Verstand
għaqda f. Vereinigung, Verein, Pl. *għaqdiet*
għâr m. Höhle, Grotte, Pl. *għerien*
għaraf / jagħraf erkennen, anerkennen, Pp. *magħrûf* bekannt; Pst. *(i)ntgħaraf*
għarbel etw. sieben; Pst. *tgħarbel*
għâref m. weise, Weiser, f. *għârfa,* Pl. *għarfin ~ għorrief*
għarraf bekanntgeben, ankündigen
għarqûb m. Ferse; (Schuh-)Absatz, Du. *għarqbejn,* Pl. *għerieqeb*
għarûs m. Bräutigam, *għarûsa* f. Braut, Pl. *għarajjes* auch: Brautpaar
għasel m. Honig
għasfûr m. (kleinerer) Vogel, Pl. *għasâfar*
għassa f. Wache (Person, Trupp); Polizeistation, Pl. *għases*
għatu m. Deckel, Pl. *għotjien*

għatx m. Durst, *bil-għatx* durstig, Durst habend
għâx weil, denn
għaxija f. Abend, *fil-għaxija* am Abend; *p.m.*
għâżeb m. Junggeselle, Pl. *għożżieb*
għażel / jagħżel auswählen, Pp. *magħżûl*
għażîż m. lieb; wertvoll, f. *għażîża,* Pl. *għeżież;* El. *egħżeż*
għela / jagħli (selbst) kochen, sieden
għelûq m. Abschluss
għen / jgħîn helfen
għeneb Kn. Weintrauben
għereq / jegħreq **1.** versinken, untergehen **2.** schwitzen
għex / jgħîx leben
l-Għîd m. Ostern
għîra f. Eifersucht; Neid
għobra f. (großes) Unheil, Katastrophe
għodda f. Werkzeug, Instrument, Pl. *għodod*
għodu m. Morgen(zeit), *fil-għodu* am Morgen, am Vormittag, *a.m.*
għodwa f. Morgen, Pl. *għodwiet*
għoġob / jogħġob jm. gefallen, *jekk jogħġbok* bitte (dich),
jekk jogħġobkom bitte (euch)
għola / jogħla hoch emporsteigen; teuer sein, sich verteuern
għoli m. hoch; laut; teuer, f. *għolja,* Pl. *għoljin;* El. *ogħla*
għorfa f. Kammer (insb. im Obergeschoß eines Bauernhauses), Pl. *għorof*

H

hawn hier
hawnhekk gerade hier, genau hier, eben hier
hekk so, *b'hekk* dadurch, demnach, demgemäß; vgl. *għaldaqshekk*
hemm dort; es gibt, *m'hemmx* es gibt nicht
hemm m. Sorge, Kummer
hemmhekk gerade da/dort, genau da/dort, eben da/dort

Ħ

ħa / jieħu nehmen, Pp. *meħûd* (> 11.4.); Pst. *(i)ttieħed*
ħa Partikel der Aufforderung und der Zukunft (> 21.2.)
ħabb Kn. Körner, *ħabba* En. Korn; kleine Münze, Du. *ħabbtejn,* Pl. *ħabbiet ~ ħbûb*
ħabb / iħobb lieben; gernhaben, Pp. *maħbûb*
ħabîb m. Freund, f. *ħabîba,* Pl. *ħbieb*
ħabrek fleißig sein, eifrig arbeiten
ħabs m. Gefängnis, Pl. *ħabsijiet*
ħabta f. Schlag, Stoß, Pl. *ħabtiet; għall-ħabta ta'* ungefähr um, gegen (bei Zeitangaben)
ħadd niemand (> 15.4.2.)
ħadd m. Wange, Du. u. Pl. *ħaddejn*
ħaddan umarmen; in sich vereinen, einschließen
ħaddâr m. Hochzeitsgast, Pl. *ħaddâra ~ ħaddarin*
ħaddem jn. beschäftigen, anstellen

ħaddieħor m. jemand anderer
ħaddiem m. Arbeiter, f. u. Pl. *ħaddiema*
ħadem / jaħdem arbeiten; schaffen, Pp. *maħdûm;* Pst. *(i)nħadem*
ħadîd m. Eisen
ħafer / jaħfer verzeihen, Pp. *maħfûr*
ħaffef leichter machen, erleichtern; Pst. *tħaffef*
ħafîf m. leicht (an Gewicht); schnell, f. *ħafîfa,* Pl. *ħfief;* Pl. *eħfef*
ħafna viel; sehr
ħâġa f. Sache, Ding, Pl. *ħwejjeġ* auch: Kleider
ħâġeb m. Augenbraue, Du. u. Pl. *ħaġbejn* ~ *ħuġbejn,* Pl. auch *ħwieġeb*
ħajja f. Leben
ħajjât m. Schneider, *ħajjâta* f. Schneiderin, Pl. *ħajjatin*
ħajr m. (Glück-)Wunsch, >*radd*
ħajt m. Wand, Mauer, Pl. *ħitân*
ħakem / yaħkem herrschen, beherrschen, Pp. *maħkûm*
ħâkem m. Gouverneur, Pl. *iħkma*
ħakk / iħokk (zer)kratzen, (zer)reiben, Pp. *maħkûk*
ħalaq > *ħoloq*
ħaleb / jaħleb melken, Pp. *maħlûb;* Pst. *(i)nħaleb*
ħalîb m. Milch
ħall m. Essig
ħall / iħoll lösen, Pp. *maħlûl*
ħalla / iħalli lassen, verlassen, auslassen, zulassen; Pst. *tħalla*
ħallas zahlen, bezahlen
ħalli Partikel der Aufforderung; damit, so dass (> 21.2.)
ħalliel m. Dieb; Räuber, Pl. *ħallilin*
ħamrija f. Ackererde
ħanaq > *ħonoq*
ħanîn m. liebevoll, gütig, gnädig, f. *ħanîna,* Pl. *ħnien*
ħanût m. Kaufladen, Pl. *ħwienet*
ħarab / jaħrab fliehen
ħaraq / jaħraq (etw.) verbrennen, Pp. *maħrûq*
ħarat / jaħrat pflügen, Pp. *maħrût*
ħarbat zerstören, ruinieren, verwüsten
ħareġ / joħroġ hinausgehen, weggehen; hinausbefördern, herausbringen, hervorholen; ausstellen (ein Schriftstück), Pp. *maħrûġ*
ħâres anblicken, beobachten; behüten, beschützen; Pst. *tħâres*
ħarġa f. Ausgabe, Nummer (einer Zeitschrift), Pl. *ħarġiet*
ħarîfa f. Herbst, Pl. *ħarifiet*
ħarrûb m. Johannisbrot
ħasad / jaħsad überrumpeln, erschrecken, schockieren, Pp. *maħsûd*
ħaseb / jaħseb denken, Pp. *maħsûb*
ħasel / jaħsel waschen, Pp. *maħsûl*
ħasîl m. Waschung
ħass / iħoss fühlen, empfinden, Pp. *maħsûs*
ħataf / jaħtaf packen, ergreifen, Pp. *maħtûf*
ħawħ Kn. Pfirsiche, *ħawħa* En. Pfirsich, Pl. *ħawħiet*
ħażen / jaħżen speichern, lagern, Pp. *maħżûn*
ħażîn m. böse, schlecht, f. *ħażîna,* Pl. *ħżiena*
ħdejn bei, nahe von (> 13.5., 5.)
ħeba / jaħbi verstecken; verheimlichen, Pp. *moħbi*

ħeff / iħeff leicht bzw. leichter werden
ħeġġeġ ermutigen, anfeuern; auffordern
ħela / jaħli ruinieren, verwüsten; vergeuden, verschwenden, Pp. *moħli*
ħeles / jeħles frei sein od. werden; befreien
ħelsien m. Befreiung, Erlösung
ħelu m. süß, f. *ħelwa,* Pl. *ħelwin;* El. *oħla*
ħieles m. frei, f. *ħielsa,* Pl. *ħelsin*
ħiereġ m. hinausgehend, herauskommend, f. *ħierġa,* Pl. *ħerġin*
ħîn m. Zeitpunkt, Pl. *ħinijiet; fil-ħîn* rechtzeitig, pünktlich
ħjâta f. Nähen, Näherei; Naht, Pl. *ħjatât*
ħlâs m. Bezahlung
ħlief außer, abgesehen von
ħmâr m. Esel, Pl. *ħmîr*
ħmâr rot werden, sich rot färben; erröten
ħniena f. Güte, Milde; Mitleid
ħobż Kn. Brot, *ħobża* En. Brotlaib, Du. *ħbiżtejn,* Pl. *ħobżiet*
ħola / joħla süß sein, süßer werden
ħolom / joħlom träumen
ħoloq ~ *ħalaq / joħloq* erschaffen, Pp. *maħlûq;* Pst. *(i)nħoloq*
ħolqa f. (kleiner) Ring, Kettenglied; Bindeglied, Pl. *ħoloq*
ħonoq ~ *ħanaq / joħnoq* erwürgen, erdrosseln; abwürgen, Pp. *maħnûq;* Pst. *(i)nħonoq*
ħosbien m. nachdenklich, besorgt, (innerlich) unruhig, f. *ħosbiena,* Pl. *ħosbinin*
ħsâra f. Schaden, Schädigung, Pl. *ħsarât*
ħsieb m. Gedanke; Sorge, Pl. *ħsibijiet; ħa ħsieb* sich kümmern
ħtieġ / jeħtieġ benötigen, brauchen; Pst. *(i)nħtieġ* auch aktiv benötigen
ħtieġa f. Bedarf
ħû m. Bruder, Pl. *aħwa* auch: Geschwister
ħût Kn. Fische, *ħûta* En. Fisch, Pl. *ħutiet*

I

iben m. Sohn, Pl. *ulied*
iblah m. dumm, f. *belha,* Pl. *boloh*
îd f. Hand, Du. u. Pl. *idejn*
idda / jiddi leuchten, hell scheinen (> 13.2.)
idden / jidden krähen
(i)ddispjaċa jm. missfallen; *jiddispjaċini* (so, nicht: *-ani*) es tut mir Leid
iebes m. hart, f. *iebsa,* Pl. *ibsin*
ieħor m. ein anderer, f. *oħra,* Pl. *oħrajn*
ikel m. Essen, Speise(n)
ikħal m. (dunkel-)blau, f. *kaħla,* Pl. *koħol*
ikrah m. hässlich, widerlich, f. *kerha,* Pl. *koroh*
iktar > *aktar*
ilma m. Wasser
imballa verpacken, einpacken
imma aber
imperu m. Reich, Pl. *imperi*
impjegat m. Angestellter, f. *impjegata,* Pl. *impjegati*
impjieg m. Anstellung, Beschäftigung, Arbeitsplatz, Pl. *impjiegi*
imponenti imposant, eindrucksvoll, großartig

importanti wichtig
importanza f. Wichtigkeit
importazzjoni f. Import, Pl. *importazzjonijiet*
impossibbli unmöglich
indipendenti unabhängig
indirizz m. Adresse, Pl. *indirizzi*
indirizza adressieren, + *rûħu lejn* sich wenden an jn.
individwu m. Person, Individuum, Pl. *individwi*
industrija f. Industrie, Pl. *industriji*
infern m. Hölle, Pl. *infernijiet*
informazzjoni f. Information, Pl. *informazzjonijiet*
inġinier m. Ingenieur, Pl. *inġiniera*
inġustizzja f. Ungerechtigkeit; (angetanes) Unrecht, Pl. *inġustizzji*
inkella andernfalls, sonst
inkluda / jinkludi enthalten
intelliġenti intelligent
interess m. Interesse; Vorteil, Profit, Pl. *interessi*
interessât m. interessiert, f. *interessata,* Pl. *interessati*
intèrpreta interpretieren
interessa interessieren
intèrroga befragen, verhören
invinċibbli unbesiegbar
irregolarità f. Unregelmäßigkeit, Pl. *irregolaritajiet*
isem m. Name, Pl. *ismijiet*
isfar m. gelb, f. *safra,* Pl. *sofor*
isfel unten
ispirât m. inspiriert, f. *ispirata,* Pl. *ispirati*
isqof m. Bischof, Pl. *isqfijiet*
issa jetzt
iswed m. schwarz, f. *sewda,* Pl. *suwed*
îva ja
iżda aber
iżża / jiżżi + *ħajr* jm. danken (+ *ta'* für etw.)

J

jedd m. Recht, Anrecht, Pl. *jeddijiet*
jekk wenn, falls; ob (> 20.1.2.)
jew oder
jiġifieri das heißt, das bedeutet, also
jisem heißen (>10.4.)
jûm m. Tag, Du. *jumejn,* Pl. *jiem*

K

kabbar vergrößern; preisen
kaċċatur m. Jäger, Pl. *kaċċaturi*
kafè m. Kaffee, Pl. *kafejiet*

kamra f. Zimmer; Kammer, Pl. *kmâmar*
kamrier m. Kellner, Pl. *kamriera*
kanta singen
kantant m. Sänger, *kantanta* f. Sängerin, Pl. *kantanti*
kapaċi fähig
kapitali f. Hauptstadt, Pl. *kapitalijiet*
kapitlu m. Kapitel, Pl. *kapitli*
kappell m. Hut, Pl. *kpiepel*
karamella f. Lutschbonbon, Pl. *karamelli*
karretûn m. Handwägelchen, Pl. *karretuni*
kar(r)ozza f. Wagen, Auto, Pl. *kar(r)ozzi*
karru m. Wagen, Pl. *karrijiet*
katavru m. Leiche, Pl. *katavri*
kattòliku m. katholisch, f. *kattòlika,* Pl. *kattòliċi*
kavallier m. Ritter, Pl. *kavallieri*
kawża f. Grund, Ursache, Pl. *kawżi*
kaxxa f. Dose, Büchse, Pl. *kaxxi*
każ m. Fall, Vorfall, Pl. *każi* ~ *każijiet*
kazzola f. Kochtopf, Pl. *kazzoli*
kbîr m. groß; alt (Person), f. *kbîra,* Pl. *kbâr;* El. *akbar*
kċina f. Küche, Pl. *kċini*
keċċa / *ikeċċi* verjagen, vertreiben; Pst. *tkeċċa*
kelb m. Hund, Pl. *klieb*
kellem jn. anreden, mit jm. sprechen
kelma f. Wort, Du. *kelmtejn,* Pl. *kliem* Wörter; Rede, Worte
kemm, kemm-il wieviele? (> 7.3.1.)
kemm soviel (Nebensatz einleitend)
kemm ... *kif ukoll* sowohl ... als auch
kenn m. Zufluchtsort, Pl. *kennijiet*
kenûr m. Kochherd, Pl. *kwiener*
kera / *jikri* mieten; vermieten, Pp. *mikri;* Pst. *(i)nkera*
kesa / *jiksi* umhüllen, einhüllen, zudecken, Pp. *miksi*
kesaħ / *jiksaħ* erkalten, sich abkühlen
kewkba [kewba] f. Stern, Gestirn, Pl. *kwiekeb*
kexkex erschrecken, schockieren
kiber / *jikber* groß werden (Ding, Person)
kieku wenn, falls (>20.1.3.); *kieku le* andernfalls, sonst
kiel / *jiekol* essen, Pp. *mikûl* (> 13.3.1.); Pst. *(i)ttiekel*
kien / *ikûn* sein
kien jâf wissen (> 13.3.2.)
kiesaħ m. kalt, f. *kiesħa,* Pl. *kesħin*
kîf **1.** wie?, **2.** als, wenn; *kif int(i)?* wie geht es dir?
kikkra f. Tasse, Pl. *kikkri*
kilo m. Kilo(gramm), Pl. *kili*
kilòmetru m. Kilometer, Pl. *kilòmetri*
kiri m. Mietung, Vermietung, hauptsächlich in *għall-kiri* zu vermieten
kiseb / *jikseb* erwerben, erhalten, Pp. *miksûb;* Pst. *(i)nkiseb*
kiser / *jikser* (etw.) zerbrechen, Pp. *miksûr; kisirha ma'* er hat es sich verdorben mit jm.
kisja f. früher: Gewand, heute: Hülle, Überzug, Pl. *kisjiet*
kitba m. Schrift, Schriftstück, Dokument, Pl. *kitbiet*
kiteb / *jikteb* schreiben, Pp. *miktûb;* Pst. *(i)nkiteb*

kittara f. Gitarre, Pl. *kitarri*
kittieb m. Schriftsteller, Autor, f. *kittieba,* Pl. *kittieba*
(i)kkmanda befehlen
(i)kkonferma bestätigen
(i)kkonsista / jikkonsisti fi bestehen aus etw.
(i)kkontribwixxa / jikkontribwixxi lejn zu etw. beitragen, kontribuieren
(i)kkoopera ma' mit jm. zusammenarbeiten, kooperieren
(i)kkoreġa / jikkoreġi verbessern, korrigieren
(i)kkummenta kommentieren
(i)kkundanna verurteilen, verdammen
(i)kkuntattja kontaktieren
(i)kkwota zitieren, nennen
klassi f. Klasse (auch Schulklasse), Pl. *klassijiet*
klàssiku m. klassisch, f. *klàssika,* Pl. *klàssiċi* (> S. 269)
klijentela f. Kundschaft (eines Betriebs), Pl. *klijenteli*
klijenti m. (der) Kunde, f. Kundin
knisja f. Kirche, Pl. *knejjes*
kobba f. Knäuel, Pl. *kobob*
kok m. Koch, f. *koka,* Pl. *koki*
koll ~ *kull* >12.4.
kollox alles; > *wara, għal*
kompetitur m. Konkurrent, Pl. *kompetituri*
kompetizzjoni f. Konkurrenz, Wettbewerb, Pl. *kompetizzjonijiet*
kompla / ikompli fertig machen, vollenden, + Imperfekt od. Imperativ: weiter (z.B. *kompla jikteb* er schrieb weiter, *kompli ikteb* schreib weiter!)
kompletament zur Gänze, völlig
komplott m. Verschwörung, Pl. *komplotti*
komplut m. vollständig, f. *kompluta,* Pl. *kompluti*
komponiment m. Komposition; (Schul-)Aufsatz, Pl. *komponimenti*
kondizzjoni ~ *kundizzjoni* f. Bedingung; Zustand, Pl. *kondizzjonijiet* ~ *kundizzjonijiet*
konservazzjonista Naturschützer, Pl. *konservazzjonisti*
konsidrat m. berücksichtigt, f. *konsidrata,* Pl. *konsidrati*
konslu m. Konsul, Pl. *konslijiet* ~ *konsli*
konsultazzjoni f. Beratung, Konsultation, Pl. *konsultazzjonijiet*
kontinwament ohne Unterbrechung, andauernd
kontinwu kontinuierlich, andauernd, ununterbrochen, f. *kontinwa,* Pl. *kontinwin*
kontra gegen (> 13.5., 8.)
kontradizzjoni f. *għal* Widerspruch, Gegensatz zu etw., Pl. *kontradizzjonijiet*
kontroversjali strittig, umstritten, kontroversiell
konfużjoni f. Verwirrung, Pl. *konfużjonijiet*
korporazzjoni f. Körperschaft, Korporation, Pl. *korporazzjonijiet*
korrett m. korrekt, f. *korretta,* Pl. *korretti*
kors m. Lehrgang, Kurs, Pl. *korsijiet*
kostituzzjoni f. Verfassung (eines Staates) Pl. *kostituzzjonijiet*
kostruttiv m. zielführend, konstruktiv, f. *kostruttiva,* Pl. *kostruttivi*
kostûm m. Kleidung, Tracht, Pl. *kostumi*
koxxa f. Oberschenkel, Du. *koxxtejn,* Pl. *koxox*
kredibilità f. Glaubwürdigkeit
krejn m. Kran, Pl. *krejnijiet* ~ *krejns*
krieh hässlich bzw. hässlicher werden
kriterju m. Kriterium, Pl. *kriterji*

krìtika f. Kritik, Pl. *krìtiki*
krìtiku m. kritisch; Kritiker, f. *krìtika,* Pl. *krìtiċi*
ktieb m. Buch, Pl. *kotba*
kùbiku m. würfelförmig, kubisch, f. *kùbika,* Pl. *kùbiċi*
kulħadd jedermann
kuljûm jeden Tag, täglich
kull > *koll*
kullimkien überall
kultant gelegentlich, hin und wieder
kulur m. Farbe, Pl. *kuluri*
kumbinazzjoni f. Kombination; Zufall, zufälliges Zusammentreffen, Pl. *kumbinazzjonijiet;* *b'kumbinazzjoni* zufällig
kummerċ m. Handel, Kommerz
kummerċjali kommerziell, Handels-
kummissjoni f. Kommission, Ausschuss, Pl. *kummissjonijiet*
kumpanija f. Handelsgesellschaft, Firma, Pl. *kumpaniji*
kunċert m. Konzert, Pl. *kunċerti*
kundizzjoni > *kondizzjoni*
kunjom m. Familienname, Zuname, Pl. *kunjomi*
kunserva f. Tomatenmark, -paste
kunsill m. Rat (als Gremium), insb. Stadtrat
kuntent m. zufrieden, f. *kuntenta,* Pl. *kuntenti*
kuntratt m. Vertrag, Kontrakt, Pl. *kuntratti*
kura f. medizinische Behandlung, Therapie, Pl. *kuri*
kuraġġ m. Mut, Courage
kuskus ~ *kusksu* kleine Stückchen Teigware
kwalunkwe (invariabel vorangestellt) jedweder, jeder beliebige (> S. 269)
kwantità f. Quantität, Menge, Anzahl, Pl. *kwantitajiet*
kwareżimal m. ein Backwerk der Fastenzeit
kwart m. Viertel, Pl. *kwarti*
kwarta f. Viertelstunde, Pl. *kwarti; il-kwarta* auch: 12 Uhr 15
kważi fast, beinahe; ungefähr
kwiet m. still, ruhig, leise, f. *kwieta,* Pl. *kwieti*

L

la **1.** nicht, **2.** wenn (zeitlich od. bedingend) (> 15.4.4.)
laboratorju m. Labor(atorium), Pl. *laboratorji*
laburist m. Mitglied bzw. Anhänger der malt. Labour-Partei, Pl. *laburisti*
lagħab / jilgħab spielen, Pp. *milgħûb*
laħam m. Fleisch
laħaq / jilħaq erreichen, Pp. *milħûq*
landa f. Zinn; Blechdose, Pl. *landi* ~ *laned*
lanqas > *anqas*
laqa' / jilqa' treffen, begegnen; empfangen, Pp. *milqûgħ*
laqgħa f. Treffen, Zusammenkunft, Pl. *laqgħât*
laqlaq stottern
larinġ Kn. Orangen, *larinġa* En. Orange, Pl. *larinġiet*
lasso m. Lasso, Pl. *lassijiet*
(i)lbies Pl. Kleider, Kleidungsstücke, Gewand

lê **1.** nein, **2.** nicht (> 15.4.6.)

legali rechtlich, legal, Rechts-

leħen m. Stimme, Pl. *ilħna*

lejl m. Nachtzeit, *bil-lejl* nachts

lejla f. Abend; Nacht, Pl. *(i)ljieli*

lejn zu, nach, in Richtung auf (> 13.5., 5.)

lelà, lilà lila

lemîn rechte Seite, *mal-lemîn* rechts, *lejn il-lemîn* nach rechts

lemîni m. rechts befindlich; rechtsgerichtet (polit.), f. *leminija,* Pl. *leminin*

leqq / ileqq glänzen, funkeln, schimmern

lest m. bereit, fertig, f. *lesta,* Pl *lesti*

letterarju m. literarisch, Literatur-, f. *letterarja,* Pl. *letterarji*

letteratura f. Literatur, Pl. *letteraturi*

lewa / jilwi biegen, Pp. *milwi;* Pst. *(i)ltewa ~ (i)ntlewa*

lewwen bunt färben

lezzjoni f. Lektion, Pl. *lezzjonijiet*

li ~ li kieku wenn, falls (> 20.1.3.)

li ~ (i)lli **1.** Relativpartikel (> 18.4.), **2.** dass

libbes bekleiden, einhüllen

libertà f. Freiheit, Pl. *libertajiet*

libes / jilbes anziehen; anhaben (Kleidung), Pp. *milbûs*

librar m. Bibliothekar, f. *librara,* Pl. (für beide) *librari*

librerija f. Bibliothek, Pl. *libreriji*

libsa f. Kleid (einer Frau), Pl. *libsiet ~ (i)lbiesi*

liebes m. anhabend, tragend (Kleidung), f. *lieba,* Pl. *lebsin*

liema welch? (> 20.2.5.)

liġi f. Gesetz, Pl. *liġijiet*

lil ~ 'il ~ 'l für; zu (> 10.6.)

limitat m. begrenzt, limitiert, f. *limitata,* Pl. *limitati*

lingwa f. Sprache, Pl. *lingwi*

linja f. Linie; (Schrift-)Zeile, Pl. *linji*

lira f. Pfund, Name der malt. Währung, Pl. *liri* (Anfang 2006 war 1 Lm = ca. 2.30 Euro)

litru m. Liter, Pl. *litri*

livell m. Niveau, Pl. *livelli; livell ta' ħajja* Lebensstandard

(i)ljun m. Löwe, Pl. *(i)ljuni*

(i)llega binden (ein Buch)

(i)lli > li

(i)llûm heute

loġiku m. logisch, f. *loġika,* Pl. *loġiċi*

logħba f. Spiel, Pl. *logħbiet*

lonġitudni f. Länge, Pl. *lonġitudnijiet*

lotterija f. Lotterie

(i)lsien m. Zunge; Sprache, Pl. *ilsna*

(i)lsier m. Sklave, f. *(i)lsiera,* Pl. *(i)lsiera*

(i)ltaqa' treffen (einander od. jn.)

lûmi Kn. Zitronen, *lumija* En. Zitrone, Pl. *lumijiet*

lupu m. Wolf, Pl. *(i)lpûp*

lûra zurück, nach hinten

M

ma' (zusammen) mit (> 13.5., 3.)
madankollu trotzdem, dennoch
madwâr um ... herum, rings um; ungefähr
magna > makna
magħmudija f. Taufe, Pl. *magħmudijiet*
magħrûf m. bekannt, berühmt, f. *magħrûfa,* Pl. *magħrufin*
maħfra f. Verzeihung
maħżen m. Speicher, Pl. *(i)mħâżen*
majestà f. Majestät, Pl. *majestajiet*
makna ~ magna f. Maschine; Motor, Pl. *makni ~ magni*
malajr bald
malli sobald
maltemp m. Unwetter, Schlechtwetter
manifattura f. Herstellung, Fabrikation, Pl. *manifatturi*
manifestazzjoni f. Manifestation, Veranstaltung, Pl. *manifestazzjonijiet*
mant m. Schleier, Pl. *mantijiet*
maqbad m. Griff, Handhabe, Pl. *(i)mqâbad*
mâr / imûr gehen (> 9.1.5)
mara f. Frau, Pl. *nisa*
marad / jimrad ~ jomrod krank werden, erkranken
marda f. Krankheit, Pl. *mardiet*
marġarina f. Margarine
matûl während (Präposition)
matûr m. reif, f. *matura,* Pl. *maturi*
maxat / jomxot kämmen, Pp. *mimxût*
(i)mbasta > basta
(i)mbierek m. gesegnet, f. *(i)mbierka,* Pl. *(i)mberkin*
medjevali mittelalterlich
meħtieġ m. benötigt, gesucht, f. *meħtieġa,* Pl. *meħtiġin*
mejjet m. tot, f. *mejta,* Pl. *mejtin*
mela also, dann, daher
melħ m. Salz
mellaħ salzen
membru m. Mitglied, Pl. *membri*
mera f. Spiegel, Pl. *mirja*
merħba willkommen!
mess / imess anfassen, berühren, + *ma'* in Berührung stehen mit etw., Pp. *mimsûs;* Pst. *(i)mtess ~ (i)ntmess*
meta **1.** wann?, **2.** wenn (zeitlich), sobald
mewt f. Tod
mexa / jimxi (zu Fuß) gehen
mexxa / imexxi führen, leiten
mexxej m. Lenker, Leiter, Pl. *mexxeja*
mezz m. Mittel, Hilfsmittel, Pl. *mezzi*
(i)mfakkar m. in Erinnerung gerufen, f. *(i)mfakkra,* Pl. *(i)mfakkrin*
mgħallem m. Meister; Chef, Pl. *mgħallmin*
mgħarfa f. Löffel, Pl. *mgħâref*
mgħâx m. Profit, Gewinn, Pl. *mgħaxijiet*
mgħoddi m. vergangen; Vergangenheit, f. *mgħoddija,* Pl. *mgħoddijin*

(i)mħabba f. Liebe
(i)mħadda f. Kissen, Polster, Pl. *(i)mħâded* ~ *(i)mħaddiet*
(i)mħallef m. Richter, f. Richterin, Pl. *(i)mħallfin*
mibegħda f. Hass
mibki m. beweint (d.h. verstorben), f. *mibkija,* pl. *mibkijin*
midbiel m. welk, verwelkt, f. *midbiela,* Pl. *midbilin*
miera / imieri widersprechen
miet / imût sterben
miexi m. (zu Fuß) gehend, f. *miexja,* Pl. *mixjin* ~ *mexjin*
miġja f. Ankunft, Pl. *miġjiet*
miġnûn m. wahnsinnig, irr, besessen, f. *miġnûna.* Pl. *(i)mġienen*
miġrûħ m. verwundet, verletzt, f. *miġrûħa,* Pl. *miġruħin*
mîl m. Meile, Pl. *mili*
il-Milied m. Weihnacht
milja f. Fülle, Vollheit; *mal-milja tas-snin* im Laufe der Jahre
milli > 14.2.3., A.
mîn wer?
minbarra außer, abgesehen von
minflok > *flok*
minġel m. Sichel, Pl. *(i)mnieġel*
mingħajr ohne; *mingħajr ma* ohne dass
mingħand bei, im Hause von
minħabba wegen, *minħabba li* weil
ministeru m. Ministerium, Pl. *ministeri*
ministru m. Minister, Pl. *ministri*
minkeb m. Ellbogen, Du. u. Pl. *minkbejn*
minn von; aus; seit; als (nach Komparativ), *minn meta* seit wann?
minuta f. Minute, Pl. *minuti*
miskîn m. arm, bedauernswert, f. *miskîna,* Pl. *(i)msieken*
misraħ m. Platz (in einer Ortschaft), Pl. *(i)msieraħ*
missier m. Vater, Pl. *missirijiet*
mistenni m. erwartet, f. *mistennija,* Pl. *mistennijin*
mistennija f. Warten
mistħija f. Verschämtheit, Schüchternheit; Schande
mistqarrija f. Eingeständnis
mistrieħ m. Ruhe (*il-mistrieħ ta' dejjem* die Ewige Ruhe), m. sich ausruhend, in Ruhe, f. *mistrieħa,* Pl. *mistriħin*
mistoqsija f. Frage, Pl. *mistoqsijiet*
mitħna f. Mühle (i. A. Windmühle), Pl. *(i)mtieħen*
mitraħ m. Matratze, Pl. *(i)mtieraħ*
miżien m. Waage, Pl. *(i)mwieżen*
miżżewweġ m. verheiratet, f. *miżżewġa,* Pl. *miżżewġin*
(i)mkien nirgendwo(hin), *x'imkien* irgendwo(hin), *x'imkien ieħor* anderswo(hin); vgl. *kullimkien*
(i)mnaddaf m. gereinigt, f. *(i)mnaddfa,* Pl. *(i)mnaddfin*
mod m. Art und Weise, Pl. *modi; bil-mod* langsam (Adverb); *b'xi mod* irgendwie
moderazzjoni f. Mäßigung, Zurückhaltung
moħħ m. Gehirn; Verstand
moħriet m. Pflug, Pl. *(i)mħâret*
monument m. Monument, Denkmal, Pl. *monumenti*
moqdief m. Ruder, Pl. *(i)mqâdef*

motiv m. Motif, Pl. *motivi*
(i)mqaddas m. geheiligt, heilig, f. *(i)mqaddsa,* Pl. *(i)mqaddsin*
(i)mqâreb m. ungezogen, schlimm (Kind), f. *(i)mqârba,* Pl. *(i)mqarbin*
(i)mqass m. Schere, Pl. *(i)mqassijiet*
(i)msemmi m. genannt, erwähnt, f. *(i)msemmija,* Pl. *(i)msemmijin*
muftieħ m. (großer, geschmiedeter) Schlüssel, Pl. *(i)mfietaħ;* vgl. *ċavetta*
il-Mulej m. der Herrgott; *Mulejja* mein Gott
mument m. Augenblick, Moment, Pl. *mumenti*
munqâr m. Schnabel, Pl. *(i)mnâqar*
muntanja f. Berg, Pl. *muntanji*
munxâr m. Säge, Pl. *(i)mnâxar*
musbieħ m. (tönerne Öl-)Lampe, Pl. *(i)msiebaħ*
musfâr m. bleich (Gesicht), f. *musfâra,* Pl. *musfarin*
musmâr m. (Eisen-)Nagel, Pl. *(i)msiemer*
mutur m. Motor, Pl. *muturi*
mużew m. Museum, Pl. *mużewijiet*
mùżika f. Musik

N

naddef reinigen, säubern
nadîf m. sauber, f. *nadîfa,* Pl. *nodfa ~ indâf;* El. *indaf*
naġġâr m. Steinmetz, Pl. *naġġâra*
nagħġa f. Schaf, Pl. *ngħâġ* (> S. 159, 7.)
naħa f. Seite; Gegend, Pl. *naħât ~ nħâwi*
naħal Kn. Bienen, *naħla* En. Biene, Pl. *naħliet*
naqar / jonqor aufpicken (als Vogel), stehlen, Pp. *minqûr*
naqqas etw. vermindern; subtrahieren, abziehen
nâr m. Feuer, Pl. *nirien*
nasab / jonsob fangen (in Falle oder Netz, i. A. Vögel), Pp. *minsûb*
nassâb m. Vogelfänger, Pl. *nassâba*
naturali natürlich
naxar / jonxor sägen, Pp. *minxûr*
nażaʼ / jinżaʼ ausziehen (ein Kleidungsstück), Pp. *minżûgħ*
nażżaʼ ~ neżżaʼ (jm. etw.) ausziehen
nazzjonali national
(i)nbîd m. Wein, Pl. *(i)nbejjed*
(i)ndâfa f. Sauberkeit
(i)ndaqs in gleicher Weise, gleich
nebaħ / jinbaħ bellen
nefaħ / jonfoħ blasen, Pp. *minfûħ*
negat(t)iv m. negativ, f. *negat(t)iva,* Pl. *negat(t)ivi*
negozju m. Geschäft; Kaufladen, Pl. *negozji*
neħħa / ineħħi wegnehmen, entfernen; Pst. *tneħħa*
neolìtiku m. jungsteinzeitlich, neolithisch, f. *neolìtika,* Pl. *neolìtiċi*
nesa / jinsa vergessen, Pp. *minsi;* Pst. *(i)ntesa ~ (i)ntnesa*
neżżaʼ > nażżaʼ
ngħâs m. Schlaf; Schläfrigkeit
nhâr m. Tag, Pl. *nharijiet*
niċċa f. Nische, Pl. *niċeċ*

nieqes m. fehlend, nicht vorhanden; minus, f. *nieqsa,* Pl. *neqsin;* El. *anqas ~ inqas* (siehe auch bes. Eintragung *anqas*), *għall-anqas* wenigstens, mindestens
nies Pl. Menschen, Leute
nieżel m. hinuntersteigend, f. *nieżla,* Pl. *neżlin*
nifs m. Atem, Atemzug, Pl. *(i)nfûs* (> 18.3.)
Nisrâni m. Christ, f. *Nisranija,* Pl. *(I)nsâra*
niten / jinten stinken
niżel / jinżel hinuntersteigen
(i)njâm m. Holz
nofs m. Hälfte; Mitte
nofsâni m. mittlerer, Mittel-, f. *nofsanija,* Pl. *nofsanin*
nofs il-lejl m. Mitternacht
nofsinhâr ~ nofs in-nhâr Mittag
normali normal
nostalġija f. Nostalgie
nota f. Notiz, Pl. *noti*
nuċċali m. Brille, Pl. *nuċċalijiet*
numru m. Nummer, Pl. *numri*
nuqqâs m. Fehlen, Mangel
nutar m. Notar, f. *nutara,* Pl. *nutari*
(i)nżûl m. Abstieg

O

obbligatorju m. verpflichtend, obligatorisch, f. *obbligatorja,* Pl. *obbligatorji*
obda / jobdi gehorchen
offerta f. Angebot, Pl. *offerti*
offiż m. beleidigt, verärgert, f. *offiża,* Pl. *offiżi*
offra / joffri bieten, anbieten, Pp. *offrut*
oġġett ~ uġġett m. Objekt, Gegenstand, Pl. *oġġetti ~ uġġetti*
oħxon m. dick (beleibt), f. *ħoxna,* Pl. *ħoxon*
oħt f. Schwester, Pl. *aħwa* (> *ħû*)
ombrella f. (Regen-, Sonnen-)Schirm, Pl. *ombrelel*
omm f. Mutter, Pl. *ommijiet*
onest m. ehrlich, f. *onesta,* Pl. *onesti*
ordni m. (religiöser) Orden, f. Befehl, Pl. *ordnijiet*
organizza organisieren; veranstalten
ors m. Bär, Pl. *orsijiet*
ostaklu m. Hindernis, Obstakel, Pl. *ostakli*

P

paċi f. Friede
paġna f. Seite (einer Schrift), Pl. *paġni*
paga f. Lohn, Pl. *pagi* auch: Bezahlung
pajjiż m. Land, Pl. *pajjiżi*
pajżân m. einheimisch, Einheimischer, f. *pajżana,* Pl. *pajżani*
palazz m. Palast, Pl. *palazzi*

palm Kn. Palmen, *palma* En. Palme, Pl. *palmiet; Ħadd il-Palm* der Palmsonntag
paràgrafu m. Absatz (eines Textes), Pl. *paràgrafi*
paraventu m. Paravent, Schirm
parir m. Ratschlag; Gutachten, Pl. *pariri*
parlament m. Parlament, Pl. *parlamenti*
parlamentari parlamentarisch
parroċċa f. Pfarre; Pfarrkirche, Pl. *parroċċi*
parrukier m. Friseur, Pl. *parrukiera*
partat etw. eintauschen (*ma'* gegen etw.)
parti f. Teil, Pl. *partijiet*
partit m. (polit.) Partei, Pl. *partiti*
partita f. (i. A. ansehnliche) Menge, Portion, Pl. *partiti*
pass m. Schritt, Du. *passejn,* Pl. *passi*
passiġġata f. Spaziergang, Pl. *passiġġati*
passjoni f. Passion. Leiden, Pl. *passjonijiet*
patata Kn. u. En. Karoffel(n), Pl. *patatiet*
patri m. Ordenspriester, Pater, Pl. *patrijiet*
patrun m. Schutzheiliger, f. *patruna,* Pl. *patruni*
pavaljûn m. Pavillon, Pl. *pavaljuni*
pensjonant m. Rentner, f. *pensjonanta,* Pl. *pensjonanti*
pensjoni f. Rente; Pension (Herberge), Pl. *pensjonijiet*
perfett m. vollkommen, perfekt, f. *perfetta,* Pl. *perfetti*
periklu m. Gefahr, Pl. *perikli*
perjòdiku m. periodisch, f. *perjòdika,* Pl. *perjòdiċi*
perla f. Perle, Pl. *perli*
permess m. Erlaubnis, Lizenz, Pl. *permessi*
perper flattern
persuna f. Person, Pl. *persuni*
pespes wispern
pesta f. Pest; Plage, Pl. *pesti*
petpet blinzeln
pied m. Fuß (als Längenmaß von ca. 30 cm), Pl. *piedi*
pinġa / ipinġi malen
pirata m. Pirat, Pl. *pirati*
pitgħada übermorgen
pitilbieraħ vorgestern
pixxina f. Schwimmbecken; Schwimmbad, Pl. *pixxini*
piż m. Gewicht; Last, Bürde, Pl. *piżijiet*
piżella f. Erbse, Pl. *piżelli*
pjaċir m. Vergnügen, Gefallen
plejer m./f. Spieler(in), Pl. *plejers*
poeta m. Dichter, Pl. *poeti*
poètiku m. dichterisch, f. *poètika,* Pl. *poètiċi*
poeżija f. Dichtung, Pl. *poeżiji*
poġġa / ipoġġi legen, stellen, platzieren
polarizzazzjoni f. Polarisierung, Pl. *polarizzazzjonijiet*
polìtiku politisch; Politiker, f. *polìtika,* Pl. *polìtiċi*
pont m. Brücke, Pl. *pontijiet*
popolari populär
poppa Heck, Pl. *poppi*
port m. Hafen, Pl. *portijiet*

porzjon ~ *porzjoni* f. Portion; größeres Stück (von etwas), Pl. *porzonijiet*
possibbli möglich
post m. Ort, Stelle, Pl. *postijiet*
povru m. arm, f. *povra,* Pl. *povri* (> S. 269)
pożizzjoni Position, Lage, Pl. *pożizzjonijiet*
(i)pparkja parken
(i)ppjana planen
(i)ppràttika ausüben, praktizieren
(i)pprefera ~ *(i)ppreferixxa / jippreferi* ~ *jippreferixxi minn* vorziehen einer Sache
(i)ppreskriva / jippreskrivi vorschreiben, Pp. *(i)ppreskritt* ~ *preskritt*
(i)ppreżenta vorweisen, präsentieren; überreichen
(i)pproġetta planen, projektieren
(i)pprojbixxa / jipprojbixxi verbieten, Pp. *(i)pprojbit* ~ *projbit*
(i)pprova probieren, versuchen
(i)pprovda / jipprovdi beschaffen, zur Verfügung stellen, vorsehen
premju m. (verliehener od. gewonnener) Preis, Prämie, Pl. *premji*
presepju m. Weihnachtskrippe, Pl. *presepji*
preservazzjoni f. Erhaltung, Pl. *preservazzjonijiet*
pretensjoni f. Anspruch, Pl. *pretensjonijiet*
preżenti anwesend
prezz m. Preis, Pl. *prezzijiet*
prezzjûż m. wertvoll, kostbar, f. *prezzjuża,* Pl. *prezzjużi*
priġunier m. Gefangener, Häftling, f. *priġuniera,* Pl. *priġunieri*
prinċipali hauptsächlich, Haupt-
prinċipju m. Grundsatz, Prinzip, Pl. *prinċipji*
problema f. Problem, Pl. *problemi*
proċedura f. Vorgangsweise, Prozedur, Pl. *proċeduri*
prodott m. Produkt, Pl. *prodotti*
professjonali beruflich
professjoni f. Beruf, Pl. *professjonijiet*
professoressa f. Professorin, Pl. *professoressi*
professur m. Professor, Pl. *professuri*
proġett m. Vorhaben, Projekt, Pl. *proġetti*
programm m. Programm, Pl. *programmi*
promettenti vielversprechend
pront m. bereit, gerüstet, f. *pronta,* Pl. *pronti; fil-pront* sodann, sogleich
propost m. vorgeschlagen, f. *proposta,* Pl. *proposti*
protett m. geschützt, f. *protetta,* Pl. *protetti*
provvediment m. Vorkehrung, Pl. *provvedimenti*
pùbbliku m. öffentlich, f. *pùbblika,* Pl. *pùbbliċi;*
il-pubbliku das Publikum, die Allgemeinheit (der Menschen)
pulizija f. Polizei
purċissjoni f. Prozession, Pl. *purċissjonijiet*

Q

qabad / jaqbad fangen, packen, ergreifen, Pp. *maqbûd*
qabar m. Grab, Pl. *oqbra*
qabeż / jaqbeż springen, hüpfen; (etw.) überspringen, Pp. *maqbûż*
qabel / jaqbel lil jm. passen, rechtsein

qabel vor (zeitlich, Reihenfolge) (> 13.5., 7.), als Adverb: früher, zuvor, als Konjunktion: bevor; *qabel ma* bevor
qabża f. Sprung, Pl. *qabżiet*
qaddes die Messe lesen bzw. zelebrieren
qaddîs m. heilig, Heiliger, f. *qaddîsa,* Pl. *qaddisin*
qadef / jaqdef rudern
qadîm m. alt, f. *qadîma,* Pl. *qodma;* El. *eqdem*
qagħad / joqgħod in Ruhe bleiben, verbleiben; *qagħad bil-qiegħda* sich niedersetzen
qajjem aufwecken
qâl / jgħîd sagen (> 9.1.4.); Pst. *(i)ntqâl*
qala' / jiqla' erwerben; verdienen (Geld), Pp. *maqlûgħ*
qalb f. Herz; Inneres, Pl. *qlûb*
qalbieni m. mutig, beherzt, f. *qalbiena,* Pl. *qalbenin*
qalîl m. wild, gefährlich; hart (zu ertragen), f. *qalîla,* Pl. *qliel;* El. *eqlel ~ eqqel*
qalla / iqalli gut durchbraten, tief braun braten
qâm / iqûm aufstehen; betragen (eine Zahl)
qamar m. Mond; Pl. *qmûra ~ oqmra*
qanqal in Bewegung setzen, stimulieren
qantâr m. Zentner (ehemaliges Gewicht von ca. 80 Kilogramm), Du. *qantarejn,* Pl. *qnâtar*
qara / jaqra lesen, Pp. *moqri*
qârar jm. die Beichte abhören (als kathol. Priester)
qarben die Eucharistie spenden; Pst. *tqarben* die Eucharistie empfangen, kommunizieren
qarîb m. nahe; Verwandter, f. *qarîba,* Pl. *qaribin* nahe bzw. *qrâba* Verwandte; El. *eqreb*
qarmeċ zerbeißen
qarrej m. Leser, Pl. *qarrejja*
qartaf stutzen (eine Pflanze)
qartâs Papiersack, -tüte, Pl. *qrâtas*
qasab Kn. Rohre, Schilfrohre, *qasba* En. Rohr, Schilfrohr; ein ehemaliges Längenmaß (ca. 2 Meter), Du. *qasbtejn,* Pl. *qasbiet*
qasam f. Bauernhof, -gut; Gebiet, Abschnitt, Pl. *oqsma*
qasam / jaqsam zerschneiden, teilen; überqueren, Pp. *maqsûm;* Pst. *(i)nqasam*
qasîr m. kurz, f. *qasîra*, Pl. *qosra ~ qsâr*; El. *iqsar*
qassar verkürzen; Pst. *tqassar*
qassam verteilen, austeilen
qassîs m. kathol. Priester, Pl. *qassisin*
qata' / jaqta' zerschneiden, unterbrechen, Pp. *maqtûgħ;* Pst. *(i)nqata'* auch: aufhören
qatel / joqtol töten; ermorden, Pp. *maqtûl*
qatt jemals, irgendwann; niemals (> 15.4.3.)
qatta' zerstückeln, zerreißen; verbringen (Zeit)
qattûs m. Katze (unbestimmten Geschlechts); Kater, *qattûsa* Katzenweibchen, Pl. *qtâtes*
qawmien m. Aufstehen; Aufstand; Auferstehung
qawwi m. stark, f. *qawwija,* Pl. *qawwijin;* El. *aqwa*
qaxxar schälen, entrinden
qed Partikel zum Ausdruck der progressiven Handlung (> 13.4.)
qela / jaqli braten, Pp. *moqli*
qerr / iqerr eingestehen; beichten
qiegħda > *qagħad*
qiegħed m. verbleibend, in Ruhe bleibend; befindlich (an best. Ort), f. *qiegħda,* Pl. *qegħdin,* auch zum Ausdruck der progressiven Handlung (> 13.4.)

qiegħed legen, stellen, deponieren, platzieren; Pst. *tqiegħed*
qies / iqîs messen, *qîs* + Personalsuffix: > 19.1.2.
qoffa f. Korb, Du. *qofftejn,* Pl. *qofof*
qorti f. Gericht(shof), Pl. *qrâti*
qoxra f. Schale, Rinde, Pl. *qxûr*
qrâr m. Beichte
qrîb m. Nähe
qsâr kurz bzw. kürzer werden, sich verkürzen
qtîl m. Tötung
quddiem vor (örtlich), *'l quddiem* später, in der Zukunft
quddiesa f. (kathol.) Messe, Pl. *quddisiet*

R

râ / jâra sehen (> 10.2.2.)
rabat / jorbot binden; verbinden, Pp. *marbût;* Pst. *(i)rtabat ~ (i)ntrabat*
radd m. Rückgabe, Rückerstattung, *radd il-ħajr* Danksagung, Dank
radd / irodd zurückgeben, Pp. *mardûd ~ mirdûd*
radju m. Radio(-Apparat), Pl. *radjijiet*
rafa' / jerfa' emporheben, Pp. *merfûgħ*
raġa' / jerġa' wiederholen, etw. wieder tun, dient auch zum Ausdruck von wieder (> S. 210, Anm. 4); *raġa' lura* zurückkehren
râġel m. Mann, Pl. *(i)rġiel*
raġuni f. Ursache, Pl. *raġunijiet*
ragħa / jirgħa weiden, grasen
raħal m. Dorf; Ortschaft, Pl. *(i)rħûla*
raħħâl m. Dorfbewohner, f. *raħħâla,* Pl. *raħħâla*
(i)r-Randân die Fastenzeit
rakkmu m. Stickerei, Pl. *rakkmi*
rappreżentazzjoni f. Darstellung, Pl. *rappreżentazzjonijiet*
raqad / jorqod schlafen, einschlafen
râs f. Kopf; Anfang, Pl. *(i)rjûs; Râs ir-Randân* der Aschermittwoch
rass / iross pressen, drücken, Pp. *marsûs*
ratal ein früheres Gewichtsmaß (ca. 800 Gramm), Du. *ratlejn,* Pl. *(i)rtâl*
raxx / iroxx streuen; besprengen, bespritzen
rażân m. (Selbst-)Beherrschung, *bla rażân* unkontrolliert, maßlos, unmäßig
razzett m. Bauernhof, Pl. *(i)rziezet*
(i)rbît m. Binden, Bindung
(r)ċieva / jirċievi empfangen, erhalten
re m. König, Pl. *rejiet*
rebaħ / jirbaħ etw. gewinnen, erobern, Pp. *mirbûħ*
refuġjat m. Flüchtling, f. *refuġjata,* Pl. *refuġjati*
rebbiegħa f. Frühling, Pl. *rebbigħât*
rebbieħ m. Sieger, Gewinner, f. *rebbieħa,* Pl. *rebbiħin ~ rebbieħa*
rebħa f. Sieg, Pl. *rebħiet*
reġistrazzjoni f. Einschreibung, Eintragung, Registrierung, Pl. *reġistrazzjonijiet*
règola f. Regel, Pl. *règoli*
regolament m. Regelung, Pl. *regolamenti*
regħba f. Gier
relazzjoni f. Beziehung, Pl. *relazzjonijiet*

reliġjon f. Religion, Pl. *reliġjonijiet*
reliġjûż m. religiös, f. *reliġjuża,* Pl. *reliġjużi*
rema / jarmi werfen; wegwerfen, Pp. *mormi;* Pst. *(i)rtema*
repùbblika f. Republik, Pl. *repùbbliki*
resaq / jersaq sich nähern, herankommen; anlegen (Schiff); *resaq għal eżami* zu einer Prüfung antreten
resident m. Bewohner, Ansässiger, f. *residenta,* Pl. *residenti*
responsabbli verantwortlich
(i)rħîs m. billig, f. *(i)rħîsa,* Pl. *(i)irħâs;* El. *irħas ~ orħos*
riċenti neu, vor kurzem entstanden
riċerka f. Untersuchung, Forschung, Pl. *riċerki*
ried / irid wollen
riefnu m. Windstoß, Bö, Pl. *(i)rwiefen*
rieqed m. schlafend, f. *rieqda,* Pl. *reqdin*
riesaq m. herankommend, f. *riesqa,* Pl. *resqin*
riġel m. Bein, Du. u. Pl. *riġlejn*
rigal m. Geschenk, Pl. *rigali*
rigorûż m. rigoros, streng, f. *rigoruża,* Pl. *rigorużi*
rîħ m. Wind, Pl. *(i)rjieħ*
rîħa f. (i. A. übler) Geruch, Pl. *(i)rwejjaħ*
rikeb / jirkeb besteigen (Fahrzeug, Reittier); mit etw. fahren, auf etw. reiten, Pp. *mirkûb*
rispett għal m. Rücksicht, -nahme auf etw.
rispettivament beziehungsweise
ritratt m. Photo, insb. Portraitphoto, Pl. *ritratti*
rivalità f. Rivalität, Pl. *rivalitajiet*
riżorsa f. Ressource, Pl. *riżorsi; riżorsi naturali* Bodenschätze
riżultat m. Resultat, Ergebnis, Pl. *riżultati*
(i)rkobba [irkoppa] ~ *(i)rkoppa* f. Knie, Du. u. Pl. *(i)rkobbtejn ~ (i)rkopptejn*
(i)rmied m. Asche
(i)rnexxa / jirnexxi Erfolg haben; gelingen
rokna f. Ecke, Winkel, Pl. *rokon ~ (i)rkejjen*
roqgħa f. Fleck; Grundstück, Pl. *(i)rqiegħi*
rota f. Rad, Pl. *roti*
roża rosa
(i)rpoża sich ausruhen
(i)rqâd m. Schlaf
i(r)efera / jirreferi għal sich beziehen, Bezug nehmen auf etw.
(i)rrègola regeln
(i)rrekordja aufzeichnen, aufnehmen (Musik)
i(r)estitwixxa / jirrestitwixxi zurückgeben, restituieren
(i)rrikorra / jirrikorri għal etw. beiziehen, heranziehen (als Hilfe)
(i)rrigala schenken
(i)rriforma reformieren
(i)rringrazzja jm. danken
(i)rrinunzja verzichten (auf = *minn ~ għal*)
(i)rrispetta respektieren
(i)rtira sich zurückziehen
rûħ f. Seele (eines Lebenden oder Toten), Pl. *erwieħ;* dient auch zum Ausdruck der Reflexivität (> 16.2.)
(i)rwajsa Köpfchen, Pl. *(i)rwajsiet*

S

sa ~ s' bis; sogar (> 16.3.1.)
sa ~ se ~ ser Futur-Marker (> 10.5.)
sâb / isîb finden, Pp. *misjûb*
saba' ~ seba' m. Finger; Zehe, Du. *subgħajn,* Pl. *swâba'*
sabar m. Geduld
sabi m. Junge, Bub, Pl. *subien*
sabîħ m. schön, hübsch, f. *sabîħa,* Pl. *sbieħ;* El. *isbaħ*
sadanittant inzwischen
safa / jisfa klar, ungetrübt sein (Flüssigkeit, Himmel)
safa' / jisfa' (zu etw., i. A. zu etw. Schlechterem bzw. Unerwünschtem) werden
sâfi m. klar (nicht trüb), rein, f. *sâfja,* Pl. *safjin*
saħan / jisħon heiß werden, sich erhitzen
saħansitra sogar
saħaq / jisħaq zerstampfen, zerstoßen, Pp. *misħûq*
saħħa f. Gesundheit; Stärke, Kraft, dient auch als Abschiedsgruß
saħħaħ verstärken
saħħan heiß machen, erhitzen
sajd m. Fischfang, Fischerei
sajf m. Sommer, Pl. *sjûf*
sajjar zubereiten (eine Speise); Pst. *(i)ssajjar*
sajjem m. fastend, f. *sajma,* Pl. *sajmin*
sakemm bis dass, bis zu der Zeit da
sala f. Saal, Pl. *swâli*
salab / jisloh kreuzigen, Pp. *mislûb*
salarju m. Lohn, Gehalt, Salär, Pl. *salarji*
salîb m. Kreuz, Pl. *slâleb*
sallûm (auch: *sal-lûm, sa llûm*) bis heute
salott m. Wohnzimmer, Sitzzimmer, Empfangszimmer, Pl. *salotti*
salva retten
sâm / isûm fasten
sama' / jisma' hören, Pp. *mismûgħ;* Pst. *(i)nstama'*
sammar annageln
santwarju m. Heiligtum, Pl. *santwarji*
sanzjoni f. Sanktion, Pl. *sanzjonijiet*
sapun Kn. Seife, *sapuna* En. Stück Seife, Pl. *sapuniet ~ spâpen*
saqaf m. Dach; Zimmerdecke, Pl. *soqfa*
saqsa / isaqsi fragen (vgl. *staqsa*)
sâr / isîr werden; erfolgen, geschehen, sich ereignen, stattfinden
sata' / jista' können
satal m. Eimer, Pl. *stâl*
satla f. kleiner Eimer, Pl. *satliet*
sawm m. Fasten
sawma f. ein (einmaliges, bestimmtes) Fasten
sbejjaħ m. hübsch, lieb, gefällig, f. *sbejħa,* Pl. *sbejħin*
sbieħ m. Morgendämmerung; Heraufdämmern
sbieħ hübsch, schön bzw. hübscher, schöner werden
se > *sa*
sebaħ / jisbaħ tagen, dämmern (der Morgen)
seddaq bekräftigen

segretarjat m. Sekretariat, Pl. *segretarjati*
sehem m. Anteil, zugewiesene Portion, Pl. *ishma; ħa sehem fi* teilnehmen an etw.
seħħ / iseħħ durchgeführt werden, erfolgen, geschehen
sejba f. Fund, Pl. *sejbiet*
sejjaħ rufen; *hekk imsejjaħ* m. so genannt, f. *hekk imsejħa,* Pl. *hekk imsejħin* (> S. 270)
sejjer m. gehend, weggehend; gut vorangehend, auch Futur-Marker, f. *sejra,* Pl. *sejrin*
seklu m. Jahrhundert, Pl. *sekli*
sekonda f. Sekunde, Pl. *sekondi*
selaħ / jisloħ häuten, schinden, Pp. *mislûħ*
sella / iselli grüßen
semma / isemmi nennen, erwähnen, Pp. *(i)msemmi* (> S. 270); Pst. *(i)ssemma*
semmem vergiften
semmen mästen
sempliċement auf einfache Art, einfach
sempliċi einfach (> S. 269)
sena f. Jahr, Du. *sentejn,* Pl. *snin*
sendûq m. Kiste, Truhe, Pl. *sniedaq*
sengħa f. Handwerk; Kunst, Pl. *snajja'*
sens m. Sinn, Gefühl, Pl. *sensi*
sensiela f. Kette; Serie, Pl. *sensiliet*
ser > sa
seraq / jisraq stehlen; rauben, Pp. *misrûq;* Pst. *(i)nseraq ~(i)nsteraq*
serdûq m. Hahn, Pl. *sriedaq*
serju m. ernst (zu nehmen), f. *serja,* Pl. *serji*
serq m. Diebstahl; Raub
serva / iservi dienen; servieren
servizz m. Dienst(leistung), Service, Pl. *servizzi*
sessjoni f. Sitzung, Session, Pl. *sessjonijiet*
setgħa f. Macht, Kraft, Stärke; *setgħa fûqu nnifsu* Selbstbeherrschung
sett m. Set; Apparat, Pl. *settijiet*
sew (unveränderlich) ansehnlich, beträchtlich; geradezu, genau
sew ... kif ukoll ~ sew ... kemm) sowohl ... als auch
sewa / jiswa etw. wert sein, etw. (einen Betrag) kosten
sewwa f. Wahrheit, Richtigkeit, Ehrlichkeit, als Adverb: richtig, korrekt
sewwed schwarz färben, schwärzen; *sewwed qalbu* sich kränken
sfâr gelb werden; erbleichen
sfida f. Herausforderung, Pl. *sfidi*
sfinġa f. paniertes Fischfilet, Pl. *sfineġ*
sfog m. Öffnung, Abzug, Auslass, Pl. *sfogi*
sfortunatament unglücklicherweise, leider
sħâna f. Wärme, Hitze
sħîħ m. gesund, kräftig, stark; vollständig, ganz, komplett, f. *sħîħa*, Pl. *sħâħ*
sîd Herr, Meister; Inhaber, Besitzer, Eigentümer, f. *sidt,* Pl. *sidien*
sider m. Brust (d.h. obere Vorderseite des Oberkörpers)
siefer (weit weg bzw. für längere Zeit) verreisen; emigrieren
siegħa f. Stunde, Du. *sagħtejn,* Pl. *sigħat*
siegħel zum Husten bringen
sieħeb m. Partner, Gefährte, Pl. *sħâb*
sieq f. Fuß, Du. u. Pl. *saqajn*
siewi m. wertvoll, hilfreich, f. *siewja,* Pl. *siwjin*
siġġu m. Stuhl, Pl. *siġġijiet*

siġra f. Baum, Pl. *siġar*
sigarett m. Zigarette, Pl. *sigaretti*
sigurtà f. Sicherheit, Pl. *sigurtajiet*
siket / jiskot schweigen
sikka f. Pflugschar, Pl. *sikek*
silef / jislef verborgen, jm. leihen, Pp. *mislûf*
silġ m. Eis
silta f. Teil, Portion, Abschnitt, Pl. *siltiet*
sìmbolu m. Symbol, Pl. *sìmboli*
sinfonija f. Symphonie, Pl. *sinfoniji*
sinjur m. Herr; reicher Mann, *sinjura* f. Dame; reiche Frau, Pl. (für beide) *sinjuri*
sinjurija f. Herrschaft (zum Gebrauch > S. 67, oben), Reichtum, Wohlstand
sinna f. Zahn, Pl. *snien*
sireġ / jisreġ brennen (z.B. Sonne, Fieber)
sistema f. System, Pl. *sistemi*
sit m. Baugrund, Pl. *siti*
sitwazzjoni f. Situation, Pl. *sitwazzjonijiet*
skartoċċ m. Patronenhülse, Patrone, Pl. *skrâtaċ*
skiddja schleudern (Auto)
skola f. Schule, Pl. *skejjel*
skolàstiku m. schulisch, Schul-, f. *skolàstika,* Pl. *skolàstiċi*
skond gemäß, entsprechend
skont m. Rabatt, Pl. *skonti*
skop m. Ziel, Zweck, Absicht, Pl. *skopijiet*
skorja einen Treffer erzielen
skrûn m. Schraube; Propeller, Pl. *skrejjen*
skultûr m. Bildhauer, -schnitzer, Pl. *skulturi*
skur m. dunkel, f. *skura,* Pl. *skuri*
skuża / jiskuża entschuldigen
skużi Pardon!
skwerra f. Reißdreieck, Zeichendreieck (als Schneiderwerkzeug), Pl. *skwerri ~ skwerer*
sliem m. Friede; Friedensgruß, Gruß
soċjetà f. Gesellschaft, Vereinigung, Pl. *soċjetajiet*
sodda f. Bett, Pl. *sodod*
sofferenza f. Leiden, Pl. *sofferenzi*
sogħob / jisgħob jm. Reue verursachen, *jisgħob bija ~ jisgħob bini* es tut mir Leid
sogħol / jisgħol husten
is-soltu (unveränderlich einem Substantiv im Singular oder Plural vorangestellt) der/die gewöhnliche(n), übliche(n) (> S. 270)
soluzzjoni f. Lösung, Pl. *soluzzjonijiet*
soppa f. Suppe, Pl. *sopop*
soru f. Klosterfrau, Pl. *sorijiet*
spalla f. Schulter, Du. u. Pl. *spallejn*
spazjûż m. geräumig, f. *spazjuża,* Pl. *spazjużi*
speċi f. Art, Pl. *speċijiet*
speċìfica spezifizieren
speċjali speziell, Sonder-
spettatur m. Zuschauer, Pl. *spettaturi*
spiċċa enden, aufhören
spirtu m. Geist, Pl. *spirti; l-Ispirtu s-Santu* der Heilige Geist
spiss ~ ta' spiss oft, häufig

spiża f. Auslage, Ausgabe (von Geld), Pl. *spejjeż* Spesen, *spejjeż ta'* auf Kosten von
spjega erklären
sptar m. Krankenhaus, Pl. *sptarijiet*
stabilixxa / jistabilixxi einrichten, errichten, etablieren; festsetzen
stagħġeb sich wundern, Bewunderung od. Verwunderung empfinden
staħa / jistħi sich schämen; schüchtern sein
staħba sich verstecken
stalla f. Stall, Pl. *stalel*
stand m. Tribüne, Pl. *standijiet*
stanga f. Stange, Pl. *staneg*
staqsa / jistaqsi fragen (vgl. Variante *saqsa*)
stat m. Staat; Zustand, Pl. *stati*
statwa f. Statue, Pl. *statwi*
stedîna f. Einladung, Pl. *stediniet*
stenbaħ aufwachen
stenna warten
stess selbst, *l-istess* derselbe (> 18.3.)
stħarreġ untersuchen, erforschen
stieden einladen
stil m. Stil, Pl. *stili*
stilla f. Stern, Pl. *stilel*
stima f. Schätzung; (Kosten-)Voranschlag, Pl. *stimi*
stkerrah (mit *h* = [ħ] in allen Formen) verabscheuen
stmat m. geschätzt, f. *stmata,* Pl. *stmati*
stock ~ *stokk* m. Fleischbrühe, Bouillon
storbju m. Lärm
stòriku m. historisch, f. *stòrika,* Pl. *stòriċi*
storja f. Geschichte (Erzählung, historischer Ablauf), Pl. *stejjer*
stqarr zugeben, eingestehen; offen bekennen
stqarrija f. (abgegebene) Erklärung, Feststellung, Eingeständnis, Pl. *stqarrijiet*
strâħ / jistrîħ ~ *jistrieħ* sich ausruhen; liegen
stranġier m. Fremder, Ausländer, f. *stranġiera,* Pl. *stranġieri*
strina f. (Festtags-, insb. Neujahrs-)Geschenk, Pl. *strejjen*
strixxa f. Streifen, Pl. *strixxi*
struttura f. Struktur, Pl. *strutturi*
student m. Student, f. *studenta*, Pl. *studenti*
studja studieren
studju m. Studium; Studie, Pl. *studji*
studjûż m. Forscher, Gelehrter, f. *studjuża,* Pl. *studjużi*
suċċess m. Erfolg, Pl. *suċċessi*
suffâra f. Signalpfeife, Pl. *sfâfar*
suġġett m. Thema, Pl. *suġġetti*
sulâr m. Stockwerk, Pl. *sulari*
suldât m. Soldat, Pl. *suldati*
sultân m. König, Pl. *slâten*
sultana f. Königin, Pl. *sultani*
superstizzjuż m. abergläubisch, f. *superstizzjuża,* Pl. *superstizzjużi*
sûq m. Markt, Pl. *swieq*
sur: Kurzform von *sinjur* (> S. 123,-4)
swejqa f. Füßchen, Pl. *swejqiet*
swied schwarz werden; sich verfinstern

T

tâ / jagħti geben, Pp. *mogħti* (> 10.2.1.); Pst. *ngħata ~(i)ntgħata*
ta' Genitiv-Partikel (> 6.2.)
tabîb m. Arzt, f. *tabîba*, Pl. *tobba*
tabilħaqq in der Tat, wirklich
tafa' / jitfa' werfen, schleudern, Pp. *mitfûgħ*
tâġen m. Bratpfanne, Pl. *twâġen*
tagħrîf m. Information, *tagħrîfa* f. (eine einzelne) Information, Pl. *tagħrifiet*
taħan / jitħan mahlen, Pp. *mitħûn*
taħrîġ Training, Ausbildung, Einübung
taħt unter, unterhalb von
tajjeb m. gut, f. *tajba,* Pl. *tajbin;* El. *itjeb*
tala' / jitla' hinaufsteigen
talab / jitlob fordern; erbitten; beten, mit zwei Objekten: etw. von jm. fordern, Pp. *mitlûb*
talba f. Forderung, Bestellung, Antrag; Nachfrage; Gebet, Pl. *talbiet*
talli weil
tallâb m. Bettler, Pl. *tallabin ~ tallâba ~ tlâleb*
tant so sehr
tapît m. Tapete, Pl. *twâpet*
taqsîma f. Abteilung, Abschnitt, Sektion, Pl. *taqsimiet*
taqtaq klopfen, pochen (Herz)
târ / itîr fliegen
tarbija f. Baby, Pl. *trâbi*
tard spät, zu spät (Adverb)
tarġa f. (Treppen-)Stufe, (Leiter-)Sprosse, Pl. *taraġ*
tarzna f. Werft, Pl. *tarzni*
tassew in Wahrheit, wirklich
tawwal verlängern
tazza f. Trinkglas, Pl. *tazzi ~ tazez*
tbatija f. Leiden
te m. Tee
tebût m. Sarg, Pl. *twiebet*
tefa / jitfi auslöschen, Pp. *mitfi*
telaq / jitlaq hinausgehen, weggehen
telegramma m. Telegramm, Pl. *telegrammi*
telf m. Verlust
tella' emporsteigen lassen; aufziehen (ein Kind)
tellef jn. etw. verlieren lassen, jn. um etw. bringen
telviżjoni f. Fernsehen
tema f. Thema, Pl. *temi*
temm / itemm vollenden, fertig machen, Pp. *mitmûm*
temp m. Wetter
teorija f. Theorie, Pl. *teoriji*
tertex stammeln
terz m. Drittel, Pl. *terzi*
tessût m. Gewebe, Pl. *tessuti* auch: Textilien
tewm m. Knoblauch,
tfajla f. (insb. junges) Mädchen, Pl. *tfajliet*
tferfix m. Übereilung, Hastigkeit
tfulija f. Kindheit

tgħallem lernen
tħajjar eine Neigung verspüren, Lust haben (etw. zu tun)
tiela' m. hinaufsteigend, f. *tielgħa,* Pl. *telgħin*
tieqa f. Fenster, Pl. *twieqi*
tifel m. Kind, *tifla* m. Mädchen, Pl. *tfâl*
tifsîl m. Zuschnitt (eines Kleides)
tiftîx m. Suche
tiġieġ Kn. Hühner, *tiġieġa* En. Huhn, Henne, Pl. *tiġiġiet*
tilef / jitlef verlieren, Pp. *mitlûf*
tîm m. Team, Pl. *timijiet*
tiswija f. Reparatur, Ausbesserung, Pl. *tiswijiet*
tip m. Typ, Pl. *tipi*
titjîra f. Flug (eines Flugzeugs), Pl. *titjiriet*
tjieb gut bzw. besser werden, sich verbessern
tkabbar hochmütig, eingebildet sein
tkellem reden, sprechen; *tkellem bl-Ingliż* Englisch sprechen (können)
tlûgħ m. Aufstieg
tnaqqîr minn Knabbern an etw.
tniehed seufzen, stöhnen; sich sehnen
tond m. rund, f. *tonda,* Pl. *tondi*
torċa f. Fackel, Pl. *toroċ*
torri m. Turm, Pl. *torrijiet*
torta f. Torte, Pl. *torti*
tpartît m. Tausch, Austausch (von Gütern gegeneinander)
tqîl m. schwer (an Gewicht), f. *tqîla,* Pl. *tqâl;* El. *itqal*
tradizzjoni f. Tradition, Pl. *tradizzjonijiet*
traduzzjoni f. Übersetzung, Pl. *traduzzjonijiet*
traċċa f. Spur, Pl. *traċċi*
tràffiku m. (Straßen-)Verkehr
trakk m. Lastkraftwagen, Pl. *trakkijiet*
traskuraġni f. Nachlässigkeit, Sorglosigkeit, Pl. *traskuraġnijiet*
trasport m. Transport, Pl. *trasporti*
trijonf m. Triumph, Pl. *trijonfi*
trîq f. Weg; Straße, Pl. *toroq ~ triqât*
(i)ttajpja (Daten) tippen
(i)ttallab bitten, betteln; erbitten, erbetteln
(i)ttardja sich verspäten, spät dran sein
(i)ttradixxa / jittradixxi verraten
(i)ttratta behandeln
(i)ttrenja trainieren
tuffieħ Kn. Äpfel, *tuffieħa* En. Apfel, Pl. *tuffiħât ~ tuffiħiet*
tûl m. Länge, Pl. *tulijiet*; *xi tûl* ein Stück Weges; *ma' tûl is-sena* das ganze Jahr lang
turbant m. Turban, Pl. *turbantijiet*
turist m. Tourist, f. *turista*, Pl. *turisti*
turiżmu m. Tourismus
tweġîba f. Antwort, Pl. *tweġibiet*
twellija m. Abtretung, Übertragung (eines Rechts), Pl. *twellijiet*
twieled geboren werden
twîl m. lang, f. *twîla,* Pl. *twâl;* El. *itwal*

U

u und; plus
udjenza Publikum (einer Darbietung), Pl. *udjenzi*
uffiċċju m. Büro; Amt, Pl. *uffiċċji*
uffiċjali offiziell; amtlich
uġġett > *oġġett*
ukoll auch; sogar
umân m. menschlich, Menschen-, f. *umana,* Pl. *umani*
ùniku m. einzig, f. *ùnika,* Pl. *ùniċi* (> S. 270)
università f. Universität, Pl. *universitajiet*
unjoni f. Union, Pl. *unjonijiet*
uqija f. Unze (ca. 26 Gramm), Du. *uqitejn,* Pl. *uqijiet* ~ *ewwieq*
użа verwenden, benützen; Pst. *(i)ntuża*
użu m. Gebrauch, Benützung, Pl. *użijiet*

V

vakanza f. Urlaub, Pl. *vakanzi*
vàlidu m. gültig, f. *vàlida,* Pl. *vàlidi*
valur m. Wert, Pl. *valuri*
vantaġġ m. Vorteil, Pl. *vantaġġi*
vapûr m. Schiff, Pl. *vapuri*
vara f. bei einer Prozession getragene Heiligenstatue, Pl. *vari*
varjetà f. Vielfalt, Abwechslung; Variété, Pl. *varjetajiet*
verament ~ *vera* in Wahrheit, wirklich
vertikali senkrecht, vertikal
veru m. wahr, wahrhaftig, eigentlich, f. *vera,* Pl. *veri* (> S. 270);
veru als Adverb: wahrlich, in Wahrheit
vetrina f. Schaufenster, Pl. *vetrini*
villa f. Villa, Pl. *vilel*
virtù f. Tugend, Pl. *virtujiet*
vjola violett
vjolenza f. Gewalt, Gewalttätigkeit, Pl. *vjolenzi*
vjolin m. Geige, Violine, Pl. *vjolini*
vojt m. leer, f. *vojta,* Pl. *vojti*
volûm m. (Buch-)Band, Pl. *volumi*
vuċi f. Stimme, Pl. *vuċijiet*
(i)vvjaġġa reisen
(i)vvota wählen, stimmen

W

waġa' / jûġa' schmerzen, wehtun
waġġa' jm. wehtun
waħd-, waħid-, weħid-, uħid- + Personalsuffix allein (> 20.2.1.)
waħħal anheften, anbringen, einsetzen
waqa' / jaqa' fallen

waqaf / jieqaf stehen
waqt m. Zeitpunkt; Augenblick, Pl. *waqtijiet;* *waqt* als Präposition: zur Zeit von, während, bei; *waqt li* während, als
wara hinter; nach (zeitlich) (> 13.5., 4.), als Adverb: nachher, später; *wara kollox* letzten Endes, schließlich und endlich; *wara li* nachdem
ward Kn. Rosen, *warda* En. Rose, Pl. *wardiet*
wasa' / jasa' enthalten (können), Platz haben für etw.
wasal / jasal ankommen
wasla f. Ankunft, Pl. *wasliet*
wassal lejn ~ għal hinführen zu etw.
weħel / jeħel stecken bleiben, haften, kleben
wella / iwelli überantworten
wera / jûri zeigen (> 13.2.); Pst. *(i)nwera ~ (i)ntwera*
weraq Kn. Blätter, *werqa* En. Blatt, Pl. *werqiet ~ werqât*
werret erben lassen, als Erben einsetzen
werwer in Panik versetzen
werżaq laut schreien
wessa' erweitern, verbreitern
widna f. Ohr, Du. u. Pl. *widnejn*
wieġeb antworten
wiegħed versprechen
wieħed m. einer, jemand, f. *waħda,* Pl. *uħûd* (> S. 63, unten)
wieqaf m. stehend, f. *wieqfa,* pl. *weqfin*
wiesa' f. weit, geräumig, f. *wiesgħa,* Pl. *wesgħin;* El. *ûsa'*
wiċċ m. Gesicht; Oberfläche, Pl. *uċûħ*
wiled / jiled zeugen; gebären, Pp. *milûd* geboren
wiret / jiret erben, Pp. *mirût;* Pst. *(i)ntiret*
wirja f. Schau, Darbietung, Ausstellung, Pl. *wirjiet*
wisq sehr, viel
wiżen / jiżen wiegen (ein best. Gewicht haben); wägen, Pp. *miżûn* gewogen; Pst. *(i)ntiżen*

X

xaba' m. Sattheit, Sättigung
xaba' / jixba' satt sein od. werden, sich sättigen
xafra f. Klinge, Pl. *xfâfar*
xahar m. Monat, Du. *xahrejn,* Pl. *xuhûr*
xandar verbreiten (Nachrichten), senden (in Radio, TV); Pst. *txandar*
xaqleb ablenken, umlenken
xatt m. Ufer; Strand, Küste, Pl. *xtût*
xebba f. junge (ledige) Frau; ledige (auch schon ältere) Frau, Pl. *xebbiet*
xedd / ixedd ~ ixidd anziehen, anlegen (ein Kleidungsstück), Pp. *mixdûd*
xegħel / jixgħel anzünden, Pp. *mixgħûl*
xejn nichts (> 15.4.1.); *b'xejn* gratis
xela / jixli anklagen, beschuldigen, Pp. *mixli*
xellûg m. linke Seite, *max-xellûg* links, *lejn ix-xellûg* nach links
xellûgi m. links befindlich; linksgerichtet (polit.), f. *xellugija,* Pl. *xellugin*
xemmex der Sonne aussetzen, an der Sonne trocknen; Pst. *(i)xxemmex*
xemx f. Sonne, Pl. *xmûx*
xewa / jixwi grillen, auf dem Rost braten, Pp. *mixwi;* Pst. *(i)nxewa ~ (i)nxtewa*

xewk Kn. Dornen, Stacheln, *xewka* En. Dorn, Stachel, Pl. *xewkiet*
xhieda f. Zeugnis, Bezeugung, Beweis, Pl. *xhidiet*
xhûd m. Zeuge, Pl. *xhieda*
xi ~ *x'* was?, *xi* (nie verkürzt) irgendein, irgendwelche (> 10.8.); *x'ħîn* ~ *xħîn* **1.** wann?, **2.** als, wenn (Temporalsatz); *xi ħadd* irgendwer, Pl. *xi wħûd* irgendwelche Leute
xiber m. Spanne; ein früheres Längenmaß (ca. 25 cm), Du. *xibrejn,* Pl. *xbâr*
xîħ m. Greis, Pl. *xjûħ*
xirja f. Kauf, Pl. *xirjiet*
xita f. Regen
xitân m. Teufel, f. *xitâna,* Pl. *xjâten*
xitla f. Pflanze, Gewächs, Pl. *xtieli*
xitwa f. Winter, Pl. *xtiewi*
xjenza f. Wissenschaft, Pl. *xjenzi*
xmâra f. Fluss, Pl. *xmajjar*
xoffa f. Lippe, Du. *xofftejn* ~ *xufftejn,* Pl. *xoffiet* ~ *xuffiet*
xogħol m. Arbeit, Tätigkeit, Beschäftigung, Pl. *xogħlijiet*
xokk m. Schock, Pl. *xokkijiet* ~ *xokks*
xorb m. Trinken
xorob / *jixrob* trinken, Pp. *mixrûb*
xorta f. Art, Sorte, Pl. *xorti; xorta* steht auch kurz für *xorta waħda* einerlei, gleich
xott m. Schuss, Pl. *xottijiet* ~ *xotts*
xtâq (auch: *xtieq*) / *jixtieq* (auch: *jixtâq*) wünschen, Pp. *mixtâq* ~ *mixtieq*
xtara / *jixtri* kaufen (> 14.1.3., am Ende)
xufier m. Fahrer, Chauffeur, f. u. Pl. *xufiera*
xugamân m. Handtuch, Pl. *xugamani*
xulxîn einander, *ta' xulxîn* gegenseitig, wechselseitig (> 20.2.2.)

Ż

żagħżûgħ [żażûħ] m. jung (Person), f. *żagħżûgħa* [żażûa], Pl. *żgħâżagħ* [żâżaħ]
żamm / *iżomm* halten, festhalten; aufhalten; aufbewahren, Pp. *miżmûm;* Pst. *(i)nżamm*
żamm iebes standhalten, durchhalten
żaqq f. Bauch; Magen, Pl. *żqûq*
żâr / *iżûr* besuchen
żarbûn m. Schuh, Pl. *żrâben*
żbaljât m. im Irrtum befangen, sich irrend, f. *żbaljata,* Pl. *żbaljati*
żball m. Irrtum, Fehler, Pl. *żbalji*
żdâd anwachsen, sich steigern
żeba' / *jiżba'* bemalen, anstreichen, Pp. *miżbûgħ*
żebbûġ Kn. Oliven, *żebbûġa* En. Olive, Pl. *żebbuġiet*
żejjed m. überschüssig, überflüssig, f. *żejda,* Pl. *żejdin;* El. *iżjed* mehr, meist
żejjen schmücken; Pst. *(i)żżejjen*
żejt m. Öl
żena / *jiżni* ehebrechen; Unzucht treiben
żewġ m. Ehemann, Pl. *żwieġ*
żfîn m. Tanzen, Tanz
żgûr m. sicher, f. *żgûra,* Pl. *żgûri*

żgħîr m. klein, f. *żgħîra,* Pl. *żgħâr;* El. *iżgħar*
żgħożija f. Jugend
żied / iżîd hinzufügen; Pst. *żdied*
żieda f. Zulage, Zuschlag, Pl. *żidiet*
żiemel m. Pferd, Pl. *żwiemel*
żifen / jiżfen tanzen
żiffa f. Brise, Pl. *żiffiet*
żjâra f. Besuch, Pl. *żjajjar*
żmien m. Zeit(spanne, -alter), Pl. *żminijiet ~ żmenijiet;*
iż-Żmenijiet tan-Nofs das Mittelalter
żvantaġġ m. Nachteil, Pl. *żvantaġġi*
żvilupp m. Entwicklung, Pl. *żviluppi*
żwieġ m. Hochzeit; Ehe, Pl. *żwiġijiet*

Z

zappap hinken, humpeln
zekzek zischen; ts-ts-Laute von sich geben
ziju m. Onkel (*zijûji* mein Onkel), *zija* Tante (*zîti* meine Tante), *zi* Vokativ für beide,
Pl. *zijiet*
zokkor m. Zucker
zuntier m. Kirchplatz; Friedhof, Pl. *znieter*

GEOGRAPHISCHE BEZEICHNUNGEN

IN AUSWAHL

1. Die deutschsprachigen Länder und die Nachbarn Maltas

Nach Vorbild des Italienischen werden bestimmte Ländernamen mit dem Artikel versehen gebraucht; z.B. *Il-Ġermanja* Deutschland (vgl. ital. *la Germania*). Anders als im Italienischen wird der Artikel nach Präposition beibehalten; dh. z.B. *fil-Ġermanja* (gegenüber ital. *in Germania*).

L-Ewropa Europa, dazu *Ewropew* Europäer, europäisch, f. *Ewropea,* Pl. *Ewropei*
Il-Ġermanja Deutschland, dazu *Ġermaniż* Deutscher, deutsch,
f. *Ġermaniża,* Pl. *Ġermanizi*
L-Awstrja Österreich, dazu *Awstrìjak* Österreicher, österreichisch,
f. *Austrìjaka,* Pl. *Awstrìjaċi*
L-Isvìzzera die Schweiz, dazu *Svìzzeru* Schweizer, schweizerisch, f. *Svìzzera,* Pl. *Svìzzeri*
L-Italja Italien, dazu *Taljân* Italiener, italienisch, f. *Taljana,* Pl. *Taljani*
Sqallija Sizilien, dazu *Sqalli* ~ *Siċiljân* Sizilianer, sizilianisch,
f. *Sqallija* ~ *Siċiljana,* Pl. *Sqallin* ~ *Siċiljani*
l-Għarab die Araber, dazu *Għarbi* Araber, arabisch, f. *Għarbija,* Pl. *Għarbin*
It-Tuniżija Tunesien, dazu *Tuniżin* Tunesier, tunesisch, f. *Tuniżina,* Pl. *Tuniżini*
Il-Libja Libyen, dazu *Libjân* Libyer, libysch, f. *Libjana,* Pl. *Libjani*

2. Die Maltesischen Inseln

Bewohnt:
Malta Malta, dazu *Malti* Malteser, maltesisch, f. *Maltija,* Pl. *Maltin*
Għawdex Gozo, *Għawdxi* Gozitaner, gozitanisch, f. *Għawdxija,* Pl. *Għawdxin*
Kemmûna Comino

Unbewohnt:
Kemmunett Cominotto, westl. von Comino
Filfla Filfola, vor der Westküste Maltas
Il-Gżejjer (die Inseln), nämlich *Selmûn* und *Selmunett,* am Eingang von St. Paul's Bay

3. Die Hauptorte auf Malta

(Ħ')Attard (< *Ħal Attard*)
(Ħal) Balzân
Il-Birgu = *Vittoriosa*
Birkirkâra (oft geschrieben: *B'Kara*)
Birżebbûġa (oft geschrieben: *B'Buġa*)
Bormla = *Cospicua*

Bubaqra
Buġibba
(Ħad-)Dingli
Fgura
Il-Furjâna (Florjana, Floriana)
Gûdja
Il-Gżîra
(Ħal) Għargħûr
(Ħal) Għaxaq
Ħamrûn
Il-Kalkâra
(Ħal) Kirkòp
(Ħal) Lija
(Ħal) Lûqa
Il-Marsa
Marsaskala = Wied il-Għajn
Marsaxlokk
L-Imdîna (Mdîna)
Il-Mellieħa
L-Imġarr
Mosta
Mqabba (Imqabba)
Msîda (Imsîda)
Mtarfa (Imtarfa)
In-Naxxâr
Pawla (Paola) = Raħal il-Ġdid
Ta' Qâli
Il-Qawra
(Ħal) Qormi
Il-Qrendi
Ir-Rabat
Raħal il-Ġdid = Pawla
(Ħal) Sâfi
Senglea = L-Isla
Is-Siġġiewi
Tas-Sliema (Sliema)
San Ġiljân (St. Julian's)
San Pawl il-Baħar (St. Paul's Bay)
(Ħal) Tarxien
Valletta =Il-Belt
Wied il-Għajn = Marsaskala
Ta' Xbiex
Ix-Xgħajra
(Ħaż-)Żabbâr
(Ħaż-)Żebbûġ
Iż-Żejtûn,
Iż-Żurrieq

Anmerkungen:
1. Der Namensteil *Ħal* (< *raħal* Ortschaft), dessen *-l* wie der Artikel an bestimmte Konsonanten assimiliert wird, wird oft weggelassen.
2. Manche Ortsnamen werden für gewöhnlich bzw. immer mit dem Artikel versehen gebraucht; bei Einbettung solcher Ortsnamen in englische Texte wird der Artikel jedoch i. A. weggelassen.
3. Das Gebiet der Ortschaften *Il-Birgu (Vittoriosa), Bormla (Cospicua)* und *L-Isla (Senglea),* oft als The Three Cities bezeichnet, wird zusammengefasst unter der Bezeichnung *Il-Kottonera* (oder *Il-Kuttuniera)* (benannt nach dem Großmeister Nicola Cotoner, 1663-80, der die dortigen Befestigungen anlegen ließ).

4. Die Hauptorte auf Gozo

Għajnsielem (Għajn Sielem)
(Ta') Għammâr
L-Għarb
L-Għasri
Kèrċem, Ta' Kerċem
Marsalforn
L-Imġarr
Il-Munxâr
In-Nadûr
Il-Qâla
(Ta') Sannât
Ir-Rabat = Victoria
San Lawrenz
Ix-Xagħra
Ix-Xewkija
Xlendi
Iż-Żebbûġ

DRUCKFEHLERKORREKTUREN IM LEHRBUCH

Der Druckfehlerteufel schläft nie. Die unten folgende Liste dient zur Richtigstellung einer Anzahl bedauerlicherweise zu spät bemerkter Druck- bzw. Datatypiefehler, wobei nur solche Versehen aufgenommen sind, die die Leserin oder der Leser i. A. nicht selbst sofort bemerkt und richtigstellt (wenn nicht überhaupt überliest), somit in der Hauptsache Versehen im maltesischen Wortmaterial. Unter „Ort“ steht zuerst die Seite im Lehrbuch, dann nach dem Beistrich die Zeile (ein vorgesetztes Minus-Zeichen bedeutet: von unten).

Ort	**Falsch**	**Richtig**
62, -2	*qarreja*	*qarrejja*
63,-1	*wieħda*	*waħda*
75,-2	*lbies*	*ilbies*
80,-4	*univerżità*	*università*
86,-16	*mħabba*	*imħabba*
106,4	*rqâd*	*irqâd*
110,11	joħroġ	joħroġx
113,6	orobtu	orbtu
116,2-5	*râd, râdet, râdu*	*ried, riedet, riedu*
117,8	*għum*	*għumu*
118,1	*murt*	*mort*
119,-12	*ikell-*	*ikoll-*
121,-6	*is-sitt*	*is-sitta*
123,11	un anki	u anki
124,-10	maru	marru
124,-4	daqit, ma radx	daqet, ma riedx
124,-2	Ma jduq	Ma jduqx
125,-16	als erstem	als zweitem
132,-10	*jrid*	*irid*
133,4	*-(il)lhom*	*-(i)lhom*
133,-19	*żurna*	*żorna*
133,-11	*żurt*	*żort*
138,-1	*żurtu*	*żortu*
145,-10	*wirret*	*werret*
163,15	jagredixxi	jaggredixxi
163,18	jissorprenda	jissorprendi
175,2	*iqies*	*iqîs*
175,-7	ikolli	jkolli
187,-17	**rwiefen**	**irwiefen**
189,2	Zucker	Zucker (*zokkor*)
199,-9	**jgħajjet**	**jgħajjat**
202,2	*la saqsiniex*	*la ssaqsina*
209,20	**iskultur**	**skultur**
211,7	żurna	żorna
211,18	ittra li waslet	ittra waslet

211,19	Rwajsa	Irwajsa
212,3	[auneckmemschideep]	[auneckmemschdeep]
215,18	*ma ġabhielniex*	*ma ġabhilniex*
216,-11	*armel* Witwe	*armel* Witwer
223,-9	*tlâlab*	*tlâleb*
225,-16	[is],	ist zu streichen
227,-1	*l-ħames*	*il-ħames*
244,18	**safa / jisfa**	**safa' / jisfa'**
245,11	żurt	żort
252,13	It-transport	It-trasport
257,-8	*nagħrafu*	*nagħrfu*
272,-1	*infer*	*infern*

ERGÄNZUNGEN UND BERICHTIGUNGEN

IM LEHRBUCH

Zu Seite 50 (3.6.1., vorletzter Absatz): Zu ergänzen ist, dass ein Wort auf *-ew* oder *-aw* als konsonantisch endend gilt (obwohl ein Diphthong gesprochen wird), der Hilfsvokal nach einem solchen Wort demnach nicht entfällt; z.B. *jew il-bieb* „oder die Tür", *naráw il-bieb* „wir sehen die Tür".

Zu Seite 108: Die **PoSoT**-Verben bilden im Perfekt zwar die Sg. 3.f. mit Endung *-ot,* bei Negation wird jedoch ebenso verbreitet die Form auf *-otx* wie auf *-itx* gebildet. Neben *ma xorbitx* (wie in der Tabelle, 2. Spalte, angegeben) steht demnach *ma xorbotx.*

Zu Seite 116 (9.1.2.): Die Formen der 2. und 1. Person des Perfekts haben im Regelfall vielmehr **kurzes o**; dh. in der Tabelle richtig: *kont, kontu, konna* usw. Dieses *o* sollte (nach 1.3.1; vgl. auch 3.1.1.) bei Enttonung zu *u* werden, doch wird hier das *o* meist beibehalten. Man bildet also i. A. *ma kontûx* „ihr wart nicht", *ma konniex* „wir waren nicht"; doch sind auch Formen wie *ma kuntux, ma kunniex* anzutreffen.

Zu Seite 120: Nach der 3. Zeile ist in der Tabelle einzufügen: **ikollha** „sie wird haben", **ma jkollhiex** „sie wird nicht haben".

Zu Seite 121 (9.5.): Für die zweite Dekade wird der Ausdruck der Ordnungszahl auch gebildet, indem das Grundzahlwort nachgesetzt wird (wie ab der 3. Dekade); also z.B. *is-seklu ħmistax* „das 15. Jahrhundert". Bei dieser Form tritt dann keine Ambiguität auf.

Zu Seite 134 (10.7.): *għall-ħabta ta'* vielmehr richtig: „ungefähr um ..., gegen ...". Für „um punkt drei Uhr" kann man sagen *fit-tlieta preċiż* oder *eżatt fit-tlieta.*

Zu Seite 139 (11.1.): Bei Enttonung wird im Imperfekt von *waqaf/jieqaf* das *ie* zu *i;* dh. z.B. *ma niqafx* „ich stehe nicht", *ma niqfûx* „wir stehen nicht".

Zu Seite 167 (13.3.1.): Bei Enttonung wird bei diesem Verb das *ie* zu *i;* dh. z.B. *ma kilûx* „sie aßen nicht", *ma niklûx* „wir essen nicht".

Zu Seite 195 (15.4.4.): Der Beispielsatz *la tidgħix u la tiżnix* widerspricht der Angabe „Beim Verb fehlt hier das *-x.*" Der Satz ist richtig gebildet; die Angabe ist zu präzisieren: „Beim Verb kann hier in bestimmten Fällen das *-x* fehlen."